開かれた『学び合い』はこれで成功する!

水落芳明・阿部隆幸　編著

JN160481

学校のチームづくりにつながる『学び合い』を進めよう！

目標を共有し、責任を分担して、協働し、成果も共有する関係（Weな関係）を築くことで、『学び合い』は広がり、発展していきます。

その関係性の作り方をさまざまな角度から紹介します。

職員室で『学び合い』

「目標と学習と評価の一体化」を職員室で、どうやって実現させていくのかについて、紹介しています（第二部第一章参照）。

校内研修で『学び合い』

校内研修は、I（私）とWe（私たち）をつなぐいい機会になります（第二部第二章参照）。

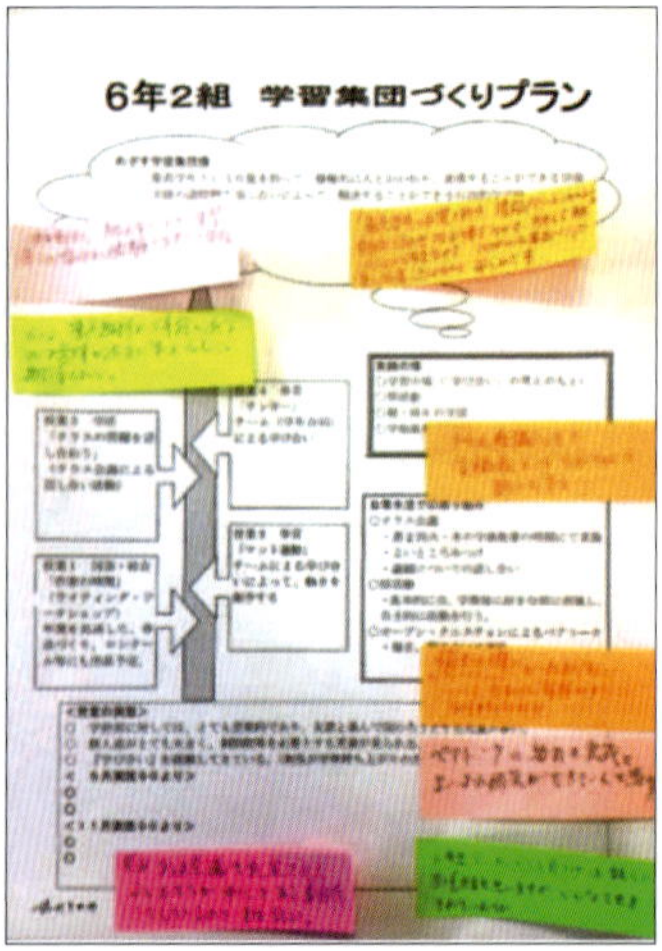

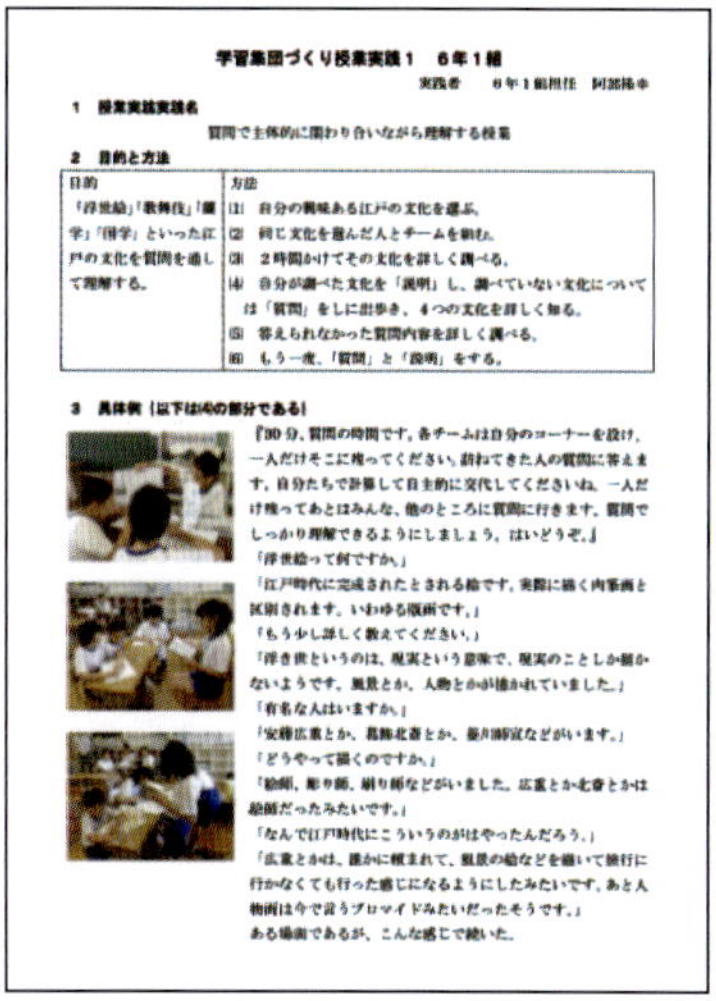

学習集団づくり授業実践１　６年１組

実践者　６年１組担任　阿部隆幸

１　授業実践実践名

質問で主体的に関わり合いながら理解する授業

２　目的と方法

目的	方法
「浮世絵」「歌舞伎」「蘭学」「国学」といった江戸の文化を質問を通して理解する。	(1)　自分の興味ある江戸の文化を選ぶ。 (2)　同じ文化を選んだ人とチームを組む。 (3)　２時間かけてその文化を詳しく調べる。 (4)　自分が調べた文化を「説明」し、調べていない文化については「質問」をしに出歩き、４つの文化を詳しく知る。 (5)　答えられなかった質問内容を詳しく調べる。 (6)　もう一度、「質問」と「説明」をする。

３　具体例（以下は(4)の部分である）

『30分、質問の時間です。各チームは自分のコーナーを設け、一人だけそこに残ってください。訪ねてきた人の質問に答えます。自分たちで計算して自主的に交代してくださいね。一人だけ残ってあとはみんな、他のところに質問に行きます。質問でしっかり理解できるようにしましょう。はいどうぞ。』

「浮世絵って何ですか。」

「江戸時代に完成されたとされる絵です。実際に描く肉筆画と区別されます。いわゆる版画です。」

「もう少し詳しく教えてください。」

「浮き世というのは、現実という意味で、現実のことしか描かないようです。風景とか、人物とかが描かれていました。」

「有名な人はいますか。」

「安藤広重とか、葛飾北斎とか、菱川師宣などがいます。」

「どうやって描くのですか。」

「絵師、彫り師、刷り師などがいました。広重とか北斎とかは絵師だったみたいです。」

「なんで江戸時代にこういうのがはやったんだろう。」

「広重とかは、誰かに頼まれて、風景の絵などを描いて旅行に行かなくても行った感じになるようにしたみたいです。あと人物画は今で言うブロマイドみたいだったそうです。」

ある場面であるが、こんな感じで続いた。

学校全体で『学び合い』

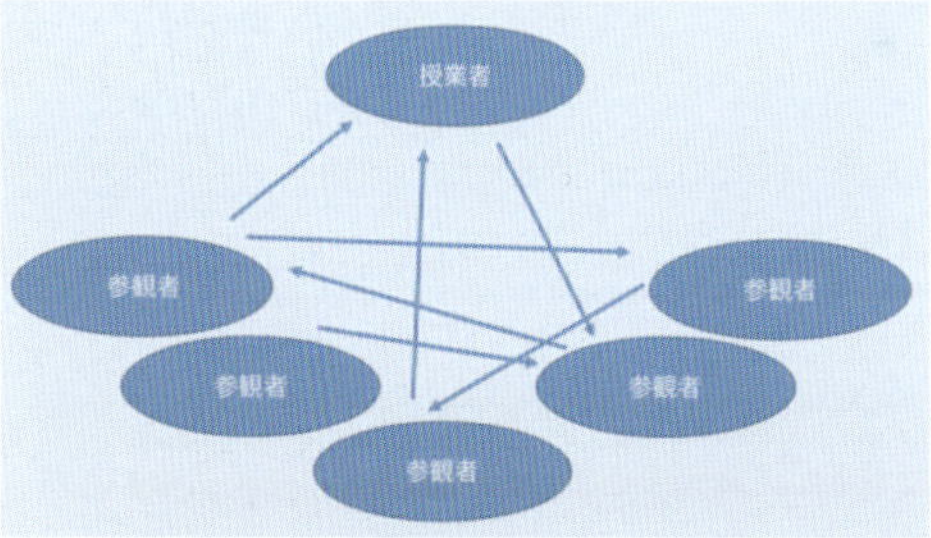

Ｗｅな関係では、授業研究会等で、授業者一人が責任を背負うことはありません（第二部第三章参照）。

町全体で『学び合い』

行政と学校が理想的な関係を築くヒントを紹介します（第二部第四章参照）。

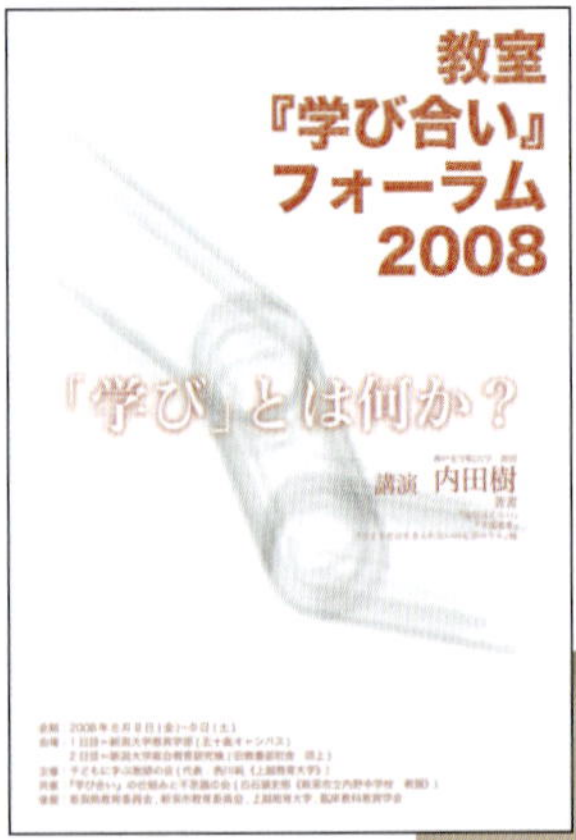

ネットでフォーラムで『学び合い』

ＳＮＳ時代では、ちょっとの勇気でたくさんの人とつながれます（第二部第五章参照）。

はじめに

アクティブ・ラーニングが注目を集める中で、『学び合い』に対する関心が高まっています。授業の中で、教養、知識、経験はもちろん、認知的、倫理的、社会的能力を含めた汎用的能力を育成していくという、アクティブ・ラーニングと『学び合い』の共通テーマに共感し、実践する先生方が増えたのでしょう。しかし、中には自分の教室だけでひっそりと実践している方も少なくありません。

新しいアイデアや実践はいつの時代も反対される可能性をもっています。そのアイデアが斬新であればあるほど、その可能性は高いのです。だからといって、教室のドアを閉ざし、隠れるように実践していては、『学び合い』がこれ以上広まることは期待できず、子どもたちが開かれた世界に羽ばたいていくことはできません。

アクティブ・ラーニングの時代を迎え、先生方の仕事は開かれていく必要があるのです。これまで、先生方の研修の中心は、子どもたちの興味関心をいかに惹きつけ、魅力ある授業を実践するか、といった点にありました。しかし、それだけでは、カリスマ講師の授業ビデオを高速化するネットワークや軽量化するタブレット端末によって届けようとするＡＩ発展の世界に太刀打ちできません。予備校等ですでに導入されているこうしたシステムは、今後ＡＩの発展とともに、ますます便利で個別対応可能な方向に開発が進むでしょう。今でさえ、「世界一忙しい」と言われる日本の先生方が、これまでと同じ方向で努力していくことには限界があるのです。ＡＩは「つながる・たとえる・みたてる」ことが苦手だと言われます。学校は一つ一つ窓や扉を開き、チームとして「つながる・たとえる・みたてる」力を磨く方向にシフトしていくことが必要です。

本書は「成功する『学び合い』シリーズ」の第三弾。これまで、目標を共有し、責任を分担して協働し、成果も共有する関係（Ｗｅな関係）を見せることで協働する力を伸ばしていくことの大切さを紹介してきました。本書はその集大成であり、「先生方」の『学び合い』がテーマです。第一弾、第二弾同様、著者の皆さんとの鼎談や、学事出版の加藤愛さんのアイデアをふんだんに盛り込み、協働によって完成した自信作です。どうか、読者の皆さんの学校のチームづくりにいかしてください。そして、読み終えたら、私たちと手をつなぎ、本書の最終頁の続きに、新しい『学び合い』の世界を開いていってください。

平成二八年七月　水落芳明

開かれた『学び合い』はこれで成功する！　もくじ

第一部　これで『学び合い』は広がっていく！

開かれた『学び合い』はこれで成功する！

第一章

「成功し続ける」にはコツがある――（私）だけでは難しい

阿部隆幸（上越教育大学教職大学院）

うれしいことに、

「『学び合い』始めました！　子どもたちとっても楽しそうに授業に参加しています」

「子どもたちから、『学び合い』最高！　授業ってこんなに楽しかったんだね先生、って言われました。ありがとうございます」

「学級の雰囲気がよくなりました。なんだか、『学び合い』をはじめて教室の気温が一、二度上がったように感じます」

「やりました！　遂にこの前の算数のテストで学級全員が八〇点以上採りました」

という声が私たちの耳にも届くようになってきました。

これは、たいへんうれしいとともにすごいことです。著者の私たちの耳にまで届くということは、その数倍、数十倍の方々が、私たちが提案した「目標と学習と評価の一体化」による『学び合い』を日々の学習活動に取り入れてくださっていると予想できるからです。

文部科学省がアクティブ・ラーニングという言葉を用いて、本格的に「授業観」の改革に取り組もうとしています。文部科学省で定めている定義は以下です。

教員による一方向的な講義形式の教育とは異なり、学修者の能動的な学修への参加を取り入れた教授・学習法の総称。学修者が能動的に学修することによって、認知的、倫理的、社会的能力、教養、知識、経験を含めた汎用的能力の育成を図る。発見学習、問題解決学習、体験学習、調査学習等が含まれるが、教室内でのグループ・ディスカッション、ディベート、グループ・ワーク等も有効なアクティブ・ラーニングの方法である。

アクティブ・ラーニングそのものの説明は前段です。**「学修者の能動的な学習への参加を取り入れた教授・学習法の総称」**ということです。ここで学び習う「学習」ではなく、学び修める「学修」という言葉を使っています。「能動的」という言葉をより強調していることがわかります。それほどまでに、「一方向的な講義形式の教育」ではない考え方で学びを深めてほしい、という願いがこめられているのです。

さて、このアクティブ・ラーニング。いつどんなときに行うものでしょうか。学校内外の先生方に見てもらう授業研究のときでしょうか。それとも保護者の方がいらっしゃる授業参観のときでしょうか。違いますよね。そんな、よそ様に授業を見てもらうためにアクティブ・ラーニングの授業をするべきだと文部科学省は考えているわけではないことはわかります。学修者が能動的に参加していくようにするためには、**毎日をアクティブ・ラーニングの授業にしていく必要**があります。

先ほどのアクティブ・ラーニングの定義の前段の続きでは「学修者が能動的に学修することによって、認知的、倫理的、社会的能力、教養、知識、経験を含めた汎用的能力の育成を図る」となっています。いわば、認知的目標だけではなく、**対人関係的目標をもアクティブ・ラーニングの授業で学び取ろうとしている**わけで、これは日常的にアクティブ・ラーニングを繰り返していくことが必要となります。

文部科学省が「アクティブ・ラーニング」を世に提起したときから、世の中には、さまざまなアクティブ・ラーニングの考え方や手法が提案されてきています。それぞれに、納得できるものでしょう。しかし、日常的に、毎日、毎時間、実行できる考え方はどれだけありましたか。私たちが提案した「目標と学習と評価の一体化による『学び合い』」は無理なく毎日、毎時間行える「アクティブ・ラーニング」です。ぜひ、前作と前々作（『成功する『学び合い』はここが違う！』（以下、第一弾）、『だから、この『学び合い』は成功する！』（以下、第二弾）以上、学事出版）も手に取っていただき、楽しくできるアクティブ・ラーニングを体験してみてください。

新しく始める人もいれば、やめてしまう人もいるでしょう。もちろん、本を読むなどして『学び合い』を始めてみたけれど、自分の教育観に照らし合わせてみたら違うなと思ったからやめた、という方は納得済みでしょうから、構いません。別な道で、子どもたちのそして日本の将来のために共にがんばりましょう。

しかし、『学び合い』に出会い、これだ！　と思い、進めていきたいと思うのにできないという人がいるらしいということを聞いて、なんとかしなくてはと思いました。

『学び合い』は、
毎日できるアクティブ・ラーニング

また、私たちの提案する『学び合い』に共感し、勤務校に『学び合い』を広げようと考えた管理職が、職員に『学び合い』を提案したのはいいが、なかなかうまく校内に広がっていかないという声も残念ながら耳にします。

加えて、行政で『学び合い』に共感し、その地域で行ってみたいと思っているのだけれど、その地域の学校、そして、勤める職員にどのように『学び合い』の考えや授業実践を広げていったらいいのかわからないという声も聞きます。地域のように範囲が広くなれば、失敗による痛手は大きいですし、立て直したり、新しい方向性を指し示したりするのに時間がかかるので冒険はしにくいわけです。

以上のように『学び合い』に興味ある実践者、管理職、行政の方の悩みに関しては、岩崎他（二〇〇八）のようにさまざまな報告*1がありますが、いずれも共通しているのは「孤立」しているということです。「I（私）」だけということです。いくら楽しそうに見えるパーティ会場でも、そこに誰も知り合いや共感者がいなくて「I（私）」だけとなれば、寂しくなります。緊張します。みんなは楽しそうかもしれないけれど、自分はそこから逃げ出したくなります。さて、どうしましょうか……。

＊1　岩崎太樹・水落芳明・西川純「『学び合い』授業における学習者の意識と行動―教師の『学び合い』への不安をもとに―」、『臨床教科教育学研究 8 (1)』、臨床教科教育学会、2008、pp. 41-56.

上手につながることが大切─だからWe（私たち）になろう

突破口のヒントは、私たち指導者側も学習者同様に「We」になることにあります。「学びのドーナッツ論」を用いた「We」の考え方は、第一弾で紹介しています。本書では二箇所にわたり紹介していますが（一四七頁、一六三頁）、今作の文脈により近い説明で使っている一六三頁の部分を一部抜粋して紹介します。

人間のコミュニケーションの構造というのは、三つの階層に分かれていて、私がいて、あなたがいて、その他大勢の彼らがいる、I→YOU→THEYってなるんだけど、「YOUとTHEYの違いは何か」ってなったときに、THEYは、Iに対して向き合う関係、何かを伝える、伝えられる関係です。でも、同じ方向を向いて、一緒に協力して歩んでいる人は、Iに対して、YOUの関係です。このIとYOUの関係をWeという風に言っています。Weというのは、目標を共有し、責任を分担して、協同する関係、当然成果も共有する、これがWeなわけです。

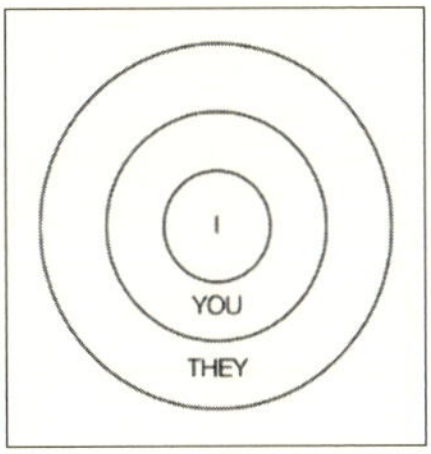

つまり私たち指導者が、たくさんいる周囲の人たち（THEY）に混じって『学び合い』を進めていこうとしたときに、**共感者（YOU）を見つけて共に実践をしていくことで『学び合い』は広がり、『学び合い』をし続けられる**ということです。

『学び合い』は、授業用語として昔から使われている「学び合い」と同じ「音」ですので、いかにも子どもたちに向けて、授業の中でしか使えない言葉と思われるかもしれません。しかし、私たちの仕事や日常生活、サークル活動などでも十分に応用可能です。応用可能といいますか、『学び合い』は「民主的で自立的な学び」という言葉に置き換えてもよいのではないかと思うほど、社会生活の中で適応可能です。本書では、第二部において、『学び合い』を広げ、し続けるためのさまざまなコツを紹介していますが、それらは実は、第一弾、第二弾の考え方を指導者側（つまり自分自身）に置き換えて進めた結果です。本書を読み進めると同時に、前シリーズも手に取り、どこをどのように応用しているか考えながら読んでみると新しい発見があるかもしれません。

『学び合い』は考え方です。在り方です。授業で『学び合い』を意識するだけでなく、普段から『学び合い』を意識することで、I→YOU→THEYと『学び合い』が広がります。自分自身が『学び合い』で幸せになり、共感者も周辺者も『学び合い』で幸せにできるのです。

つながり方いろいろーいろいろな角度でみんなＨａｐｐｙ

さて、ではどうやって「ＹＯＵ」を見つけて「ＴＨＥＹ」に広げていきましょうか。第二部のさわりを少しだけ紹介しておきましょう。

第二部では、全国各地に広がっている『学び合い』を五つ（五章）の視点に絞って紹介しています。『学び合い』は考え方・在り方ですから、『学び合い』の数だけ、例はあります。この五つを選んだ理由は、現時点での典型的な例として紹介できると考えたからです。

第二部第一章では、『学び合い』の考え方を職員室空間に浸透させていくことについて取りあげています。職員室が、教員たちにとって学校目標を達成するための協働空間だとしたら、子どもたちの教室と職員室を置き換えることができます。職員室で『学び合い』が当たり前の状況になったとき、Ｉ（私だけ）から、Ｗｅ（私たち）になり、『学び合い』をし続けることができるようになるでしょう。ぜひ、自分に置き換えて、どんな役割ができるか考えながらお読みください。

第二部第二章では、研修で『学び合い』を進めていくための一例を取りあげています。学校内のリーダー的立場にいる方、また、研修主任である方は、勤務校をどうにかよりよくしていきたいと考え、いつも新しいテーマを考えているのではないでしょうか。そこで、『学び合い』の考えを見つけ、これは素敵だ、絶対に学校も子どもたちもよりよい方向に変わってくれるに違いないと校内の研修テーマに『学び合い』を取り入れ邁進しようとしたけれど……なぜか、上手く『学び合い』が回転していかないという経験をしてしまってはいませんか。または、そういう経験をしてはいないまでも、そんなことになりそうで個人的に『学び合い』はいいと思っていても、勤務校の研修テーマとして『学び合い』を取り入れることに躊躇している方もいることでしょう。そんな方、ぜひ参考にしてみてください。

第二部第三章では、管理職として『学び合い』を広めていくためのコツを紹介しています。授業での『学び合い』を考えるとき、上手くできていない先生を見ると、言葉で言わないまでも「学び合わせ」たり、「学び合いなさい」と命令したりする態度や雰囲気で進めていることがあります。職員室を教室に見立てた場合、管理職はこの失敗を犯しやすい立場にあります。職員集団をまとめる立場にあるからです。しかし、この失敗を回避する環境を設定できたとき、今度はまとめる立場であることが幸いし、校内の『学び合い』は急速に浸透します。『学び合い』とマネジメントという視点からお読みください。

第二部第四章では、自治体の行政が『学び合い』に取り組んでいくためのコツを紹介しています。構成員が多くなればなるほど、統制はとれにくくなります。しかも、一つの箱(学校)の中ではなく、物理的に距離が離れた場所で勤務している人同士、加えて、異なる校種(小学校、中学校等)の人同士、『学び合い』を進めるとなるととても容易ではないことが予想できます。しかし、うれしいことに町ぐるみで『学び合い』を行い、成功(つまり、広がり、そして定着)しているところが出始めています。今後、少子化に伴い、学校教育も地域で連携して取り組んで行くことがますます必要となります。今後のヒントになるでしょう。

第二部第五章は、若手からベテランまで、それでも周りを見渡しても自分一人だけで『学び合い』をやっていますという方に向けて、目の前の職場やつながりを越えて、インターネットや各地域で『学び合い』実践者同士がつながり、互いに勇気を与えたりもらったりする関係づくりを紹介しています。ICTという言葉が普通になり、SNSで見知らぬ人とも楽しく上手につながれる時代です。不得意だ、不安だという人もここを読んで安心して『学び合い』の世界に飛び出していってください。

繰り返しますが、『学び合い』は考え方・在り方なので、I（私だけ）から、We（私たち）になる過程も千差万別だと思います。どれがベストということもないでしょう。今、心地よく自分も周りも『学び合い』を進められているなら、結果的にベストな道のりを進んできたと言えるのです。しかし、道標がほしい、例示を知ってイメージしたい、知り合いに『学び合い』を広げ、し続けるためのコツとヒントを上手に知らせたいという方、ぜひ、ワクワクしながら次の第二部への扉を開いてください。

第二部　さまざまな角度から『学び合い』を広げていく！

第一章

居心地のよい職員室はみんなでつくる
―職員室でも「目標と学習と評価の一体化」を

本川　良（宮城県石巻市立大須小学校）

教師たちもWeを

さて、私が自分の中で「職員室づくり」を意識し始めたのは、東日本大震災後のことです。それまでは、自分がこうと思ったこと、やりたいことをとにかくやる、みたいな感じでした。自らの実践や自分のクラスのことしか視野に入っていなかったのだと感じています。

震災の経験から、**「社会で生きていく上で、他者と協力すること・他者と仲間になることがとても大切」**ということを身をもって学びました。震災は、

「子どもたちに求めていることを、自分はやれているのか？　自分がやれていないことを子どもたちに求めてはいないか？」

と、問い直すきっかけになりました。私たち教師たちも〝Ｗｅ〟の関係をつくらないといけません。

職員室におけるWeな関係が職員室の『学び合い』

「私たちの考える『学び合い』は「目標と学習と評価の一体化」を目指す授業です。つまり、目標を共有し、責任を分担して、協働する関係（Weな関係）を、先生と子どもたちが結んで、目標達成の主体者として授業に取り組むという考え方です。」（第二弾、一二頁）とあります。

また、中川綾さん（株式会社アソビジ代表）は、「職員室で起こることはクラスでも起きます。クラスで起こることは職員室でも起きます」と言います。

つまり**「居心地のいい職員室づくり」は「居心地のいいクラスづくり」につながり、そして「居心地のいい学校づくり」につながります。**職員室における〝We〟な関係。それを目指すのが、私の考える「職員室づくり」であり、職員室の『学び合い』です。

職員室づくりは「一人」ではできません。しかし、「みんなで」やればできるのです。立場や経験の異なる教職員が、それぞれの強みを活かしながら協働すること、そのような体験を継続的に積み上げていくことで可能になります。

私がチャレンジしたことは、自分の立場や役割を通して協働の場をつくり、継続・発展させていくこと。そして、そのような体験を通して、**職員室の中に〝Weな関係〟づくり**

を進める、そんなイメージです。

職員室におけるWeな関係づくりとファシリテーションスキル

「職員室づくり」に関して多くの気づきを与えてくれているのが、ちょんせいこさん（株式会社ひとまち代表　http://wbmf.info）です。ちょんさんからは、主に「ファシリテーションの6つの技術」と「ホワイトボードミーティング®」という二つのスキルを学んでいます（詳しくは、「ホワイトボード・ミーティング®公式テキスト　Basic3級」株式会社ひとまち発行）。私は担任、体育主任、研修主任など、校内の役割に応じて、『学び合い』の考え方をベースに、この二つのスキルを重ね合わせて取り組んできました。

私にとっては『学び合い』とホワイトボードミーティング®を含めたファシリテーションスキルはセットです。『学び合い』の授業のときは、教師はファシリテーターとして立ちます。そして子どもたちには、「一人ひとりがみんなのファシリテーターとして育ってほしい」と願い、そう伝えます。同じように、職員室も一人ひとりがお互いのファシリテーターになれればいいのです。それが職員室における〝Weな関係〟づくりであり、私の思う「職員室づくり」です。

職員室の「目標と学習と評価の一体化」

「目標」と職員室

職員室における「目標」は「学校教育目標」です。学校教育目標の共有を最も大切にし、年間を通して機会をとらえて何度も話題にします。なぜなら、それが学校におけるすべての教育活動のベースだからです。

多くの学校では年度末反省会などで、校長先生から次年度の「学校経営の方針」が出されると思います。それをよく読んでおくことはもちろんのこと、抽象的な文言は、「～とは、どんなイメージですか?」「エピソードはありますか?」などとなるべく具体的なイメージを職員室のみんなで共有できるようにしています。

年度初めの職員会議では、正式に校長先生から学校教育目標と学校経営の方針が出されることでしょう。そこでもそれらをテーマに話し合い、より具体的なイメージを共有できるような場をつくります。

前任校では、職員会議とは別立てで、四月に「教育目標について話す会」が設定されました。そこでは、三、四人グループに分かれて教育目標における「目指す児童像」について、ホワイトボードミーティング®のフレームを使い、対話を通してイメージの共有を図ります。ここでの経験が、その後、校内研修や学校行事の取り組み、その他を振り返るときにじわじわと生きていきます。

方法はどうであれ、**職員室のみんなが主体的に教育目標にかかわり、そのイメージを共有するプロセスを意図的に組んでいくことが必要です**。目の前のことに忙殺されると、「何のためにやっているのか」「何を目指してやっているのか」（つまり教育目標）をつい忘れてしまうことがあります。しかし、このプロセスを踏んでおくと誰かがそれを覚えている、思い出してくれます。まずは自分が教育目標を意識しながら目の前の事実を見たり、発言したりすることが必要ですが。

「目標」を共有することで起きたこと

学校行事など職員全体で力を入れて取り組んだあとには、「ご苦労さん会」と称する飲み会を開くことが多いです。多くの飲み会の中で、一番盛り上がるなぁ（と私が感じている）のは運動会の打ち上げです。

「あのときはこうだったよねぇ！」「○○君の走り、見た？　ラストスパートすごかった！」「あの応援合戦すごかったでしょ？　実はね……」などと、運動会にまつわるエピソードで話に花が咲きます。ときには「お疲れさん！」とハイタッチする姿もあったりします。

なぜ、運動会の打ち上げはこうなるのか？　それは、児童会の話し合いを通して決まった運動会のスローガン（「こんな運動会にしたい」という子どもたちの願い）を教師が心におき、そのイメージを子どもたちと確かめ合い、問いかけながら運動会に向けて準備していくからだと感じています。学校教育目標（校訓：共生・自主・努力）の具体的なイメージの共有が職員室のみんなの間で図られていれば、運動会のスローガンとの関連もはっきりします。例えば、平成二七年度の運動会のスローガンは「心一つに最高の運動会をつくりあげよう」でした。「心一つにってどんな感じ？（ここは「共生」だな……）」「最高というと？（ここは「努力」について体験的に学ばせたい……）」「どうしていきたい？（「自主」性を育てる場にしよう……）」「今はどのレベルまでできてきた？」など、練習を通して子どもたちと対話を繰り返します。

運動会本番までには、全校練習や学年部練習が何度も組まれます。教師たちも子どもたちも「運動会のスローガン」という「目標を共有」しながら、「責任を分担」するプロセスがそこにはあるのです。ですから、練習において教師が子どもたちを怒鳴るとか、そんな残念な指導は起こりません。運動会のスローガンに沿わないからです。「目標を共有」し「責任が分担」されていると、成果は「分かち合う」ものになり「課題」は「共に解決するもの」になるはずです。

学級通信でも取り組みのプロセスを伝え、同僚や保護者、さまざまな人と共有

「学習」と職員室

職員室における「学習」は「学校教育目標に迫るための教育活動」であり、その活動の中で、「責任を分担して協働する」体験を積み重ねることが大切になります。

私は校内研修主任でした。校内研修は主題を設定し、「学校課題の解決」や「教員の資質向上」を目的にしています。つまり、**「教師同士が学び合う文化」をつくる**ということです。大切にしたいことは、みんなで授業づくりを楽しむ体験を共有すること。お互いに尊重し合い、相手から学ぶ気持ちを大切に、何でも思ったことを話し合い、対話できる関係と場をつくることです。私の役目は校内研修のファシリテーターです。

「コミュニケーションの量が確保されて、はじめて質へと転換する」と教えてもらったことがあります。経験的にもそれを感じます。はじめから「深い話」「難しい話」「つらい話」はできません。日常の「浅い話」「明るい話」「楽しい話」を十分に行い、相手との関係ができていることが条件です。明るく楽しい話がいつでもできる環境をみんなで整えながら、その延長線上に校内研修の話し合いも位置づけていく、そんなイメージ。授業中は、学年やクラス、といった区切りの中で孤軍奮闘することが多いものです。だからこそ、「校内研修」の場では、それぞれが思ったことや感じたこと、考えたことを気軽に、雑談のように話せる環境を整え、より協働的な場として機能させていきたいものです。

そのために、私にとって必須なのが、前述の「ファシリテーションの6つの技術」と「ホワイトボードミーティング®」です。

【校内授業研修会事後検討会の流れ】

1．開会

2．話し合い1　【全体】

（1）授業を参観しての感想を隣りの人とペアで聴き合う（三分）

＊参観していない人がいるときは、参観した人に様子を聞く

（2）本時の授業について（学年部・授業者の自評）（五分）

＊参観のポイント（指導案・取り組みの視点）に沿って説明、振り返り

（3）質問（二分）

3．話し合い2（ホワイトボード・ミーティングでグループ

ごとに話し合い）

（1）オープン・クエスチョンの練習（「ファシリテーターの質問の技」）

＊前掲「ホワイトボード・ミーティング®公式テキスト　Basic 3級」参照

（2）ホワイトボード・ミーティング

①発散　研究主題、取り組みの視点に沿って感想や印象を出し合う（一五分）

②収束　良かったこと、課題になること（わからなかったこと）を二つずつあげる（五分）

③ギャラリーウォーク（他グループのホワイトボードを見ながらのフリートーク）（五分）

④活用　今回の成果、授業者へのメッセージやアドバイス、次回に向けての課題（一〇分）

（3）全体での意見交換と授業者より返答や感想

「評価」と職員室

「Ｗｅというのは、目標を共有し、責任を分担して、協同する関係、当然成果も共有する、これが、Ｗｅなわけです。」（第一弾、一六四頁）

とあります。

この場合の評価とは、当事者である自分たちで「する」ものです。目標も自ら「もつ」ものです。職員室のみんなと目標を共有し、一緒に（協働的に責任を分担して）取り組むことで、評価も自分たちで主体的に行われることでしょう。

評価は、自分たちの取り組みの見つめ直し。「どこまでやれている？」「これからどうしたい？」「どうしていく？」ということ。

これなら笑顔でやれそうです。

みんなで前に進もう

「先生のクラスの○○君、今日ね、すごくがんばっていたよ、あのね……」

「先生のあの取り組み、いいよね！」

そんな会話がたくさんある職員室はみんなが楽しく仕事ができます。そんな職員室のある学校は、子どもたちも明るく元気。経験上、そう感じます。

「一人も見捨てない」は『学び合い』のコアの考え方。職員室も同じです。みんなが前を向いて進んでいけるには、どうするか？　それを「みんなで」考えて行動し続けていくのが「職員室づくり」だと思います。

クラスづくりと同じですね。

職員集団づくりも「目標と学習と評価の一体化」がいい感じ

阿部隆幸（上越教育大学教職大学院）

『学び合い』という言葉にこだわらない

二〇〇五年に『学び合い』と出会って以来、二〇一五年度に小学校教師を辞めるまでの一〇年間、私は『学び合い』の考え方を背景に、学校教育活動に関わってきましたが、勤務校全体で『学び合い』を研究したり、校内の会議などで『学び合い』を提案して職員全体で共有したりという経験は一度もありませんでした。

しかし、私が『学び合い』実践者だと知っている知人が、私の勤務校に外部講師等でいらっしゃるとき、帰り際、または、その後のメール等で次のような言葉をいただくことが多くありました。

「さすが、阿部さんが勤めている学校でしたね。『学び合い』の空気が学校全体に充満しているという感じでしたよ」

私にとっては、最大のほめ言葉ですが、同時に不思議でもありました。先に書いた通り、研究もしていないですし、『学び合い』への共通理解もしていないわけです。

ネット上にあるさまざまな『学び合い』のコミュニティを見聞すると、「一人も見捨てない」(『学び合い』の考え方である「授業観・学校観・子ども観」を端的にわかりやすく説明するために、最近使われるようになった言葉)という『学び合い』の使命感に燃えて、自分の教室の他に、学校全体に呼びかけて奮闘されている報告を目にするときがあります。

うまく展開できているところもありますが、反面、いい感じに回転していないところもそれなりに多くあるようです。もちろん、成功や失敗の原因はさまざまでしょう。ただ、もしかしたら、『学び合い』を浸透させたい、広げたい、という気持ちが大きすぎる故に、『学び合い』、『学び合い』と勤務校で連呼しているのではないかと心配です。

『学び合い』は考え方ですので、押しつけられてするものではありません。『学び合い』という言葉を世の中に普及させることが目的ではないはずです。生活の場面で『学び合い』という言葉が使われなかったとしても『学び合い』が学校に職場に浸透していけばそれで子どもも、地域も、そして当然ながら私たち職員も幸せになっていきます。

リーダー的素養をもっている『学び合い』実践者の中には、私とは異なる進め方で『学び合い』を校内に浸透させていっている方もいることでしょう。くどいですが『学び合い』は考え方なので浸透のしかた、させ方もさまざまです。ここでは、私が『学び合い』と連呼しなくても校内に『学び合い』の空気が広がっていった様子を自己分析的に書いていきます。『学び合い』を広げるヒントにしていただけたら幸いです。

周りに広げようとする前にしっかり自分自身が『学び合い』を体現しよう

教室を見渡してみましょう。どうでしょうか。例えば、いつも笑顔で物事を肯定的に受け止めて生活している子どもの周りはなぜか似たような子どもたちが集まってくると同時に肯定的に受け止める子が増えてきませんか。また、いつも否定的に物事を受け止めがちの子どもには否定的な空気が漂い似た感じの子どもたちが増えてきませんか。

例えば、Aさんがどんなに「ねえ、前向きに考えようよ！」のような発言を学級内でしたとしても、Aさん自身が、前向きに考える振る舞いをしていないと、学級内はそのようになっていかないということです。むしろ、言動不一致の振る舞いに、浮いた存在になってしまうかもしれません。この例えのように教室空間を例に考えると、いつも子どもたちの様子を見ている皆さんは腑に落ちやすいと思いますし、納得できるでしょう。

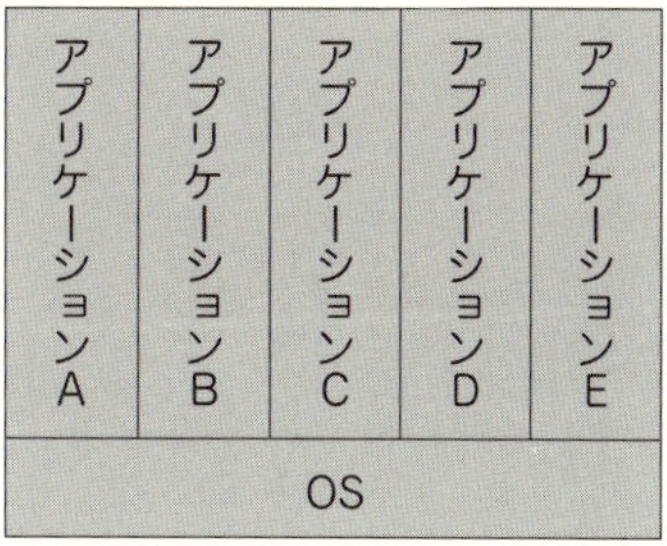

図1

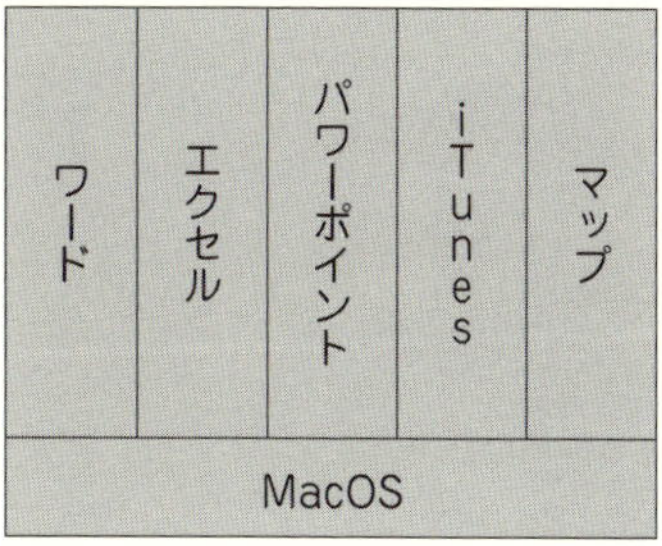

図2

さて、翻って自分を見つめてみましょう。『学び合い』の雰囲気や言葉に憧れをもっただけで『学び合い』、『学び合い』と連呼していませんか。そうなんです。『学び合い』は（本当にくどいですが）考え方なのです。

私が講話で話すときのスライド（上図）をお見せします。私は、コンピュータ好きなので次のような例をよくします。コンピュータはワープロソフトとか、表計算ソフトなどたくさんのアプリケーションがありますが、その下にあるＯＳがあって、はじめてこれらのアプリケーションが動くようにできています（図1）。

ＯＳで有名なのは、Windows とか MacOS というものです。私は、Ｍａｃユーザーなので Ｍａｃを例に話を進めますと、MacOS がまず下にあって、その上に Word や Excel だったり、メールだったり、写真を見たりするアプリケーションがあるわけです（図2）。実はＭａｃにも Windows にも、

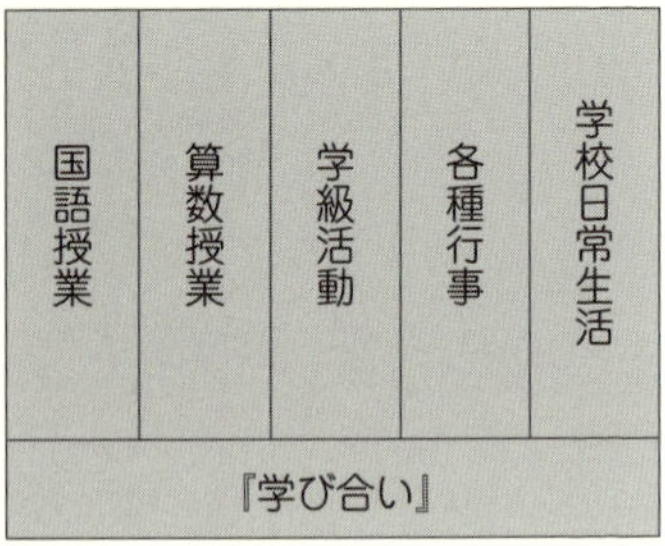

図3

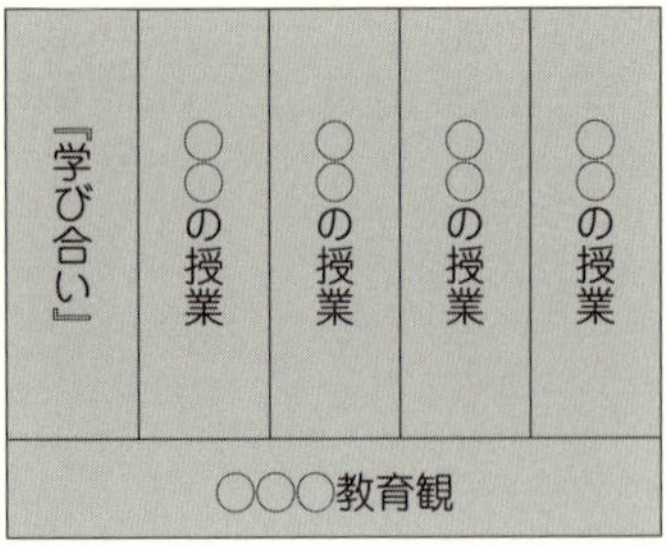

図4

Word や Excel というアプリケーションはありますが、微妙に見た目や操作の仕方が異なります。それはたぶん、一番下にあるOSの思想性の違いです（と思っています）。

このOSの部分に『学び合い』をもってくるということです（図3）。つまり、『学び合い』というOSでもって自分の生活全般の振る舞いを決定づけていくということを説明します。

ここであえて、比較のために別の図（図4）を提示します。ある教育観に乗っかった『学び合い』の図です。この図では、ある教育観を達成しようとするために『学び合い』を利用するようになっています。活発に話し合う様子でしょうか、コミュニケーションスキルでしょうか、それらを得るための『学び合い』ということになりますね。でも、これでは**手段として『学び合い』を使っているために『学び合い』の考え方は浸透しません。**

これらの図は、子どもたちとの関係で、つまり教室空間でいかに『学び合い』を浸透させていくかを説明するときに私が使う図なのですが、職員室で『学び合い』をじんわりと浸透させていくかを考えるためにも使えるのではないかと思います。

まずは、あなたが『学び合い』の考えのもと、子どもたちと共に過ごす教室空間だけでなく、同僚と一緒に過ごす職員室空間でも『学び合い』の考えで過ごすことです。

そこで気をつけたいことは教室の空間と職員室の空間の違いです。職員室にいるあなたは教室空間で言えば、子どもの位置にあるということです。

ですから、**職員室にいるときのあなたは、『学び合い』って素敵だなと思っている子どもたちが教室内に『学び合い』を広めていく様子を思い描く必要があります。**教室内で『学び合い』を受け入れ親しんでいる子どもと同様に、あなたが『学び合い』という考えのもと、いつも楽しく毎日を過ごしていれば（または、楽しく過ごそうとしていれば）、必ずや仲間が増えていきます。

そして、そうなったときに『学び合い』っていいんだよ、一緒にやってみませんか、と言葉をかけてもよくなります。外側から見て、前向きに生きているなとわかる人に「一緒に前向きに生きてみよう」と誘われたら、「はい！　ぜひ！」と言ってしまいそうだと思いませんか。

職員集団も「目標と学習と評価の一体化」で『学び合い』が促進する！

私は、自分自身が『学び合い』の考え方で毎日を過ごすことで、じんわりと『学び合い』が染み渡っていくと考えていますが、加えて、職員が『学び合い』集団へと変化していく指標として私たちが第一弾から掲げている「目標と学習と評価の一体化」を職員室内でも用いることをおすすめします。

ポイントは、授業や校内研修で行うより若干、ゆるく「目標と学習と評価の一体化」を用いることです。日常会話で厳しく真面目に「目標と学習と評価の一体化」などと唱えていたのでは、関係性がギクシャクするであろうことは誰の目からも明らかですよね。では、ゆるく「目標と学習と評価の一体化」を用いるってどういうことでしょうか。

例えば、会話の中ではこんな感じです。

同僚「聞いてください。阿部先生！」

阿部「なんですか、そんなに興奮して（笑）」

同僚「教室の様子でね、心配事があるんです」

阿部「ん？　なんだか深刻ですねぇ」

同僚「一部の女子がですね、なんだか仲いいんだか悪いんだか、週替わりのような感じで誰かを仲間はずれにする感じなんですよ」

阿部「はいはい。私もよく経験します。友達の取り合いっこなのか、友達を所有物としているのか、自分の居場所を見つけるのに必死なのか……。どうしましょうね」

同僚「どうしましょうねって、阿部先生に相談しているんですけど（笑）」

阿部「だって、私だって悩んでいるんですもん。一緒に考えましょうよ」

同僚「ははは（苦笑）。ですね。共に悩み、共に学ぶ……ですか（笑）」

といった、感じです。

これを読んで、どこが「目標と学習と評価の一体化」なのよ、どこが『学び合い』なのよ！　と突っ込みたくなる方もいらっしゃると思いますが、まぁ、ちょっと聞いてください。

私は、五〇代でこの会話の相手は三〇代です。同僚は、私が自分より年輩で経験が多いことなどから、自分の悩みを打ち明けてきたのでしょう。ここで私はスパッと同僚の悩みを解決しませんでした。まぁ、解決できなかったというのが事実ですが（苦笑）。ここで、もし、「この場合はこれこれこうだから、こうしてああしてこうするといいよ」とバシッと決めていたら（まぁ、憧れますが）、言い方やら表情、ニュアンスによって随分変わりますが、言葉尻だけをとって考えると、今後、二人の関係は同僚にもかかわらず、指導する側と指導される側（教えを乞う側）になってしまいます。

第一弾一四八頁で、水落さんは次のように述べています。

「水落研究室では、Ｗｅを「目標を共有し、相互に高め合う集団」と定義し、さまざまな実践的な研究を行っています。つまり、同じ目標に向かって協力し合える存在かどうかが「ＹＯＵ」と「ＴＨＥＹ」の違いなのです。」

また、同第一弾、一六三頁で次のように述べます。

「ＴＨＥＹは、Ｉに対して向き合う関係、何かを伝える、伝えられる関係です。でも、同じ方向を向いて、一緒に協力して歩んでいる人は、Ｉに対して、ＹＯＵの関係です。このＩとＹＯＵの関係をＷｅという風に言っています。」

先ほどの会話で説明しますと、私は（結果的に）伝える、指導する側ではなく共に考え悩み協力し合っていくという関係を選んだわけです。そして、似たような状況をどうにかして解決しようと「目標」を設定し、（ここには書くスペースがありませんが）その後どうなったか、経過や結果を共有するという「評価」を共に行った（一体化した）わけです。「学習」については、その都度お互いのやり方を情報交換し、お互いによいところを真似していきました。

後輩の同僚の悩みや質問くらい、先輩教師としてパッと答えちゃえばいいだろう。答えられないのはなんとも情けない、未熟だというご指摘もあることでしょう。もちろん、経験が長い分「それは、これこれこうするといいよ（こうなっているよ）」で済む問題や会話もあります。しかし、それを踏まえた上で、**共に考えていくという姿勢や言動が職員室での『学び合い』空間を広げていくためには必要**かなと考えます。

自分がもし、多くの同僚よりも年齢が低かったとしても同じです。Ｗｅの関係の心地よさに気づいていない先輩同僚は、横に並ぶのではなく目の前で向き合う指導的な言動が多いかもしれません。しかし、そこであなたがＷｅの考えで接することで同じように少しずつ少しずつ職員室の空気が変わっていきます。

例示した会話のような振る舞いや応対を職員室内のそこかしこで日常的にしていきます。すると、私と直接会話した方々は、阿部というのは（ちょっと情けないけど）一方的にこれこれこうした方がよいという話し方ではなくて、何かの問題に対して寄り添って一緒に考えてくれる人らしいということを感じることでしょう。

また、私と直接会話をしていない人も、職員室で先ほどの会話のようなことを隠さずオープンですることで（たまに、うるさくて仕事に集中できないというご指摘を受けたときもありましたが）対峙するのではなくて、共に考える、横に並ぶ人なのだと解釈してくれる人が増えます。これを続けることで、向き合う関係よりも共に並ぶ関係のほうが楽しく、前向きで、さまざまな問題に対応しやすくなることを感じていきます。『学び合い』という言葉を使わなくても、じんわりと職員室空間にＷｅな関係が広がっていくことでしょう。

もちろん、職員室空間へ『学び合い』を広めていくためのさまざまな考えがあることでしょう。その一つの提案として読んでくだされば幸いです。

会話を通して We な関係になっていく

【鼎談】「行動を縛る」から「心をつなぐ」へ

行動を焦点化してしまいがちな学校現場

阿部　鼎談のテーマを「行動を縛るから心をつなぐへ」にされた理由を教えてください。

水落　よく校内研修や学校運営を考えるときに、「じゃあ、これだけはやりましょう」と決めることってありますよね。例えば、「授業の目標を『なぜ~なのか?』に統一しましょう」とか「指導案の形式をこれこれこういう形式で統一しましょう」とか「五分間は必ず、ペアトークを入れて、その後に小集団の話し合いを入れて授業を進めましょう」というったように、実際に学習や生活の中の一部分を統一しましょう、限定しましょうといったことになりがちだと思うんですね。でも、そうではなくて、『学び合い』で子どもたちに求めるのと一緒で、「どんなやり方でもいいから、とにかくこんな子どもたちの姿を実現させましょう」とか「子どもたちのここを伸ばしていきましょう」とか「あとの方法はお任せしますよ」といったことって意外とないのではないか、と思ったんです。それで、どちらかというとやり方や方法はともかく、子どもたちの目指すべき姿を大切にした方がいいのではないかということで、「行動を縛るから心をつなぐ」というテーマを設定しました。本川さんは、「行動を縛る（縛られる）」というような経験はありませんか。

本川　私は、ずっと研修主任をしてきましたので、今、水落さんがお話しされたこと（「行動を縛る」と「心をつなぐ」）のせめぎ合いですね。私は、教科や方法は自由に、しかし目標は共有して、と広く広くもっていこうとしてきました。けれど、人によっては「教科を決めて」「領域を決めて」「手法を決めて」と焦点化した方がやりやすいと考える方もいました。先生たちには、「焦点化はいいんだけど、教科や手法を決めるのではなくて、どんなことを目指すのかということを焦点化しましょう」と話しますが、どうしてもそこのところが合致しないで三年くらい行きつ戻りつしましたね。

阿部　どうして行動の方を焦点化したがるのでしょうね。

本川　共同で取り組んでいる感があるからじゃないですかね。「私は、これとこれがやれているからいい」みたいな。目標は形として見えづらいですし、共有するには時間がかかります。教科や方法を「焦点化」する方がハードルが低いわけです。

水落　ああ、そうですね。

本川　「これをやっているからＯＫ！」みたいな。つまり、手段が目的になってしまうと言いますか。例えば、（ワークシートを使うという合意があるときには）「ワークシートを使っていますから、校内研修に合致していますよね」という感じですかね。

水落　ああそれ、あると思います。例えば、学級会を月に二回以上設けるみたいな目標が学校で確認されてしまうわけですよ。それで、必要がなくても月に二回学級会を開くことが目的化されてしまうわけです。

本川　それで、ちゃんとやりました！　ということになるわけですよね。

水落　あいさつ運動を春と秋にやりました！　とかね。

阿部　それをやったから安心するということでしょうか。それって、おもしろくないですよね？　おもしろいのかなぁ……。

水落　結局それって、今、教育が何をやったかではなくて、何ができるようになったかで効果を測定しようという流れになってきているのにつながりますね。

コミュニケーション時間の不足という問題

本川　ちょっと別のことを考えていたのですが、意外と学校の先生ってコミュニケーションの時間が足りないんですよね。日中は教室で、放課後は会議でバタバタしていますし。

だから、そういう方法でも揃えないと、みんなと一緒にやっている感が得られないんじゃないかなと思うんですよ。

水落　わぁっ、本川さんらしい！

本川　普段から、一緒に会話などをしていれば、いちいち方法を揃えなくても「そうだよね」「これでいいんだよね」とお互いに確認が取れて安心感も得られるんですけど、その確認が取れないくらいみんな教室という個室にいる時間が長すぎて、みんなでやることについては些末なことを全体で統一しないと、みんなでやっているという安心感が得られないといいますか、一緒にやっているという気持ちになっていかないというのがあるのかもしれませんね。

水落　なるほど！

本川　よく小中連携の会議の場面でもね、本当だったらどんな子どもに育てたいかを理解し合うことが大事だと思うのですが、普段会っていないから「じゃあ、礼の仕方を同じにしましょう」とか「フックのかけ方を統一しましょう」とかで、「とりあえず統一しました！」ということで、「よし連携した！」みたいなね。目に見えてはっきりしますし。

阿部　先生方は、共同はしたがっているわけですね。

本川　みんなでそろえた方がいいと思っているんじゃないですかね。やり方を揃えないと、学校の先生的には勝手にやっているみたいなイメージがあるのではないでしょうか。「教室でみんな算数をやっているのに、なんで君だけ漢字練習をしているの？」みたいな、そんな感じです。職員室の会話の中で、「みんながワークシート使って授業をしているのに、自分だけワークシートなんていらないよ」なんて言っているのはダメかなぁとか。

水落　本川さん、相当苦労してきたんですね（笑）。

阿部　私、勝手にやっちゃうからねぇ。そこだよなぁ。私は職場をかき乱してきたんですよねぇ。

水落　うそ！　阿部さんは割と「和をもって尊しと為す」という感じだと思いますが。

阿部　それは、いい誤解です。私は好き勝手にやってきたので（笑）。

水落　だまされていましたか（笑）。

阿部　ははは（苦笑）。

水落　今、本川さんの話を聞いて、少し反省しました。ついつい、現場感覚を失ってきてしまっているなぁと。確かにそうですよね、そうでもしない限り、一緒にやっている感じがしませんものね。

同僚性という名の同調圧力

水落　本川さん、そしたら、「行動を縛るから心をつなぐ」ということは不必要ですか。

本川　どうでしょうね。「行動を縛る」って誰が縛っているのでしょうか。

阿部　自分自身で自己規制しているということじゃないですかね。

本川　自分で縛っているということですか。

阿部　自分「たち」で自分「たち」を縛っているというようなことってないですか、現場の先生たちって。自分もそうだったような気がしているのですが。

本川「みんなと一緒に協力しなくちゃ」みたいな。協力といいますか、見た目も同じでなくては、という感じですかね。

阿部　少し困った事情が目の前にあるのだけれど、積極的に行動するのは危険性が大きいから、あえてみんなで気持ちを合わせて安全策で非難されないであろう、面倒な仕事が増えないようにあろうという方針を全員で選んでおきましょうね、と自分たちで制限することが私の中では行動を縛るというイメージにあるんですけど。

本川　突出してはいけないという感じがします。

阿部　そうそう、そういうことです。すごく小さな具体例で言えば、学年に複数の学級があって、その中に学級通信を毎日出したいと考えている先生がいたとします。しかし、学年主任の方などが、「あなたは毎日出したいかもしれませんが、それをやりたくない先生やできない先生もいますので、それはやめてくれないか」というような状態ですね。

本川　そうですねぇ。ただ、私はそういう学校にいたことないので、わからないですけど（笑）。余り、気にしなかったかなぁ（笑）。

阿部　ははは（笑）。本川さん、みんなと揃えることしないで、きっと一人で好きなことをやっていたんじゃないですか（笑）。

本川　実は協調性ないんですよね、私。

阿部・水落　（爆笑）

『学び合い』を広げられなかったしくじり先生エピソード

阿部　ところで、本川さんは、今までどのように『学び合い』に取り組まれてきたのですか。

本川　『学び合い』の考え方をベースにした授業の方がいい、という思いは、『学び合い』

に取り組み始めた初期の頃と今も変わっていません。ただ、取り組みやすさは全然違いますね。初期の頃は『学び合い』に取り組むことが、私自身のストレスになっていた時期がありました。

阿部　ああ、それ、聞きたいです！

本川　八年間勤務していた学校があったんですね。そのうち最初の二年間は、とても大変な時期でした。転任してすぐの人（本川）がいきなり、「はいどうぞ！」という形の『学び合い』を始めたものですから、保護者の中には心配になって「どうなっているんだ？」と感じる方もいらっしゃったわけです。今思えばそれも当然だと思いますが。当時の私は『学び合い』をよいものだと伝え、自分のスタイルとして確立したいという思いもあり、一生懸命『学び合い』のよさを説明しました。管理職に批判されても管理職を説得する試みをしたわけです。「子どもたちが荒れているわけではないですよね？」「子どもたちは学んでいますよね？」「テストもそれほど悪くはないですし」と。今思うと、保護者の不安も管理職の忠告もまず「受け取る」という姿勢が欠けていたのだと思います。それで、校長室で夜遅くまで指導を受けるということもありました。でも、今ならわかるんです。あのときは学級の子どもたちの多くはすぐに『学び合い』に慣れ親しんだんですね。しかし、一部にフィットしない子もいたんです。「先生が勉強を教えてくれない」と。真面目な子ほど最初はいわゆる『学び合い』に適合しないということってよくありますよね。経験的に。

阿部 はい、私も経験しています。

本川 その子の家に家庭訪問に行ったときに、お父さんから「子どもに自習をさせているみたいだけれど」と尋ねられたので、「自習ではないんですよ」と一生懸命説明をしました。今思えば「説得」ですね。そういう態度が頭にきたのではないかと。当然ですよね……。

阿部 ううーん、確かに……（苦笑）。

本川 そういう余計な説得をしようとしたことがまずかったですし、その当時について今思えば、自分の『学び合い』、いわゆる、誰からも文句を言われないような『学び合い』をしなくてはいけないということが目的だったので、周りの人へ「『学び合い』はいい」という説得に入ったわけです。校長先生も保護者からの訴えがあったり、教育委員会から事実確認をされたりということは、立場からしても困るじゃないですか。「（校長）きみ、板書くらいしてくれないか」「（本川）いえ、絶対にしません」というやりとりをしてですね。こういう人が学校にいたら困りますよね。今思うと、板書をするくらいどうということもないのですが。それで、自分でもこういう振る舞いをしているのはよくないなぁと感じるようになったんです。

水落　周りから理解を得られなくて、少しつらい思いをしている子どもがいても突き進むというのは、やはり『学び合い』の精神とはちょっと違いますよね。

本川　うーん……。

水落　そんなことはないですかね、結局これがいいんだと突っ走って、でもクラスの中では見捨てられる子がいたというような状態なわけですよね？

本川　そこら辺のニュアンスはよくわからないのですが、結局その子もじきになれたので問題はなかったと私は思っていたんですよ。

水落　なるほど。

本川　でも、保護者の方には「話を真摯に受け取らなかった」という失礼をしてしまいました。それが、苦労した原因だと思います。

阿部　ここからいろいろな話に展開できそうなのですが、まず私の一番の興味関心としては、その後は、どうやって収束したのですか。

水落　そうですよね。さきほど、最初の二年間は大変だったということでしたものね。
本川　それは……時間が解決しました。
阿部・水落　時間が？
本川　途中で、『学び合い』をやめるというようなことはしなかったんですよ。やめたら何のためにここまで意地を張ったのかわからないですし、必ずこれ（『学び合い』）は必要だと思っていましたから……。
阿部　つまり、その子が卒業して解決したということですか？
本川　その子は、一学期の途中からは、問題なくやれていましたので、その子に対しての問題はなくなっていました。
水落　ほ～。
本川　今から思えばですよ、あのときは、やはり自分が中心だったんです。どう考えても。やはり、なんとか『学び合い』を認めてもらわなくては、という思いが強かったんです。クラス目標のことしか頭になかったので。視野が狭かったんです。でも、同じ『学び合い』に取り組むにしても学校全体のことを視野に入れると、どういう風にバランスをとるかを考えなくてはいけませんよね。その先の地域とか学区とか、そんなことを考えるようになったら、全体のバランスを見て自分が出るところと、「ここはみんなと相談した上での方がいいのかな」といったような感覚をもてるようになりました。

目標レベルを一つ上げることで誰ともぶつからなくなる

水落　そのバランスというのは、いわゆる折り合いを付けるという感じですか。

本川　よく、西川純先生がFacebook等に書いていますよね。「対立するときは目標をワンランク上げろ」とね。

水落　対立？　どういうことですか？

本川　ぶつかるときという意味ですね。例えば、クラスのことを考えてぶつかるんだったら、学校レベルのことを目標に願うことにしよう。地域でぶつかるんだったら県レベルのことを考える、日本のことを考える……みたいなことですね。

水落　ああっ、書いていましたね。

本川　その上のレベルの目標を考えていけば、ぶつからないはずだって。

阿部　なるほど。

本川　そうすると、学校でいえばですよ、学校教育目標ということを考えていれば、絶対ぶつからないです。誰とも。校長先生とも。当たり前ですけれど。

水落　人格の完成と言ったら、高すぎて、また上手くいく感じはしませんよね。

本川　学校でいえば、学校教育目標が一番なじみますね。あれだったら、誰も反対することがないですよね。

水落　そうですね。子どもたちも学級目標ということを口にし、意識することからまとまるということがありますからね。

阿部　運動会をどう盛り上げるかで、教職員が一つになることってありますよね。

本川　ただ問題なのは、意外と教職員はその学校教育目標の作成にかかわっていなかったり、目の前の忙しさに振り回されてしまっていたりしますので、学校教育目標をいかに日常の取り組みとつなげて具体的なエピソードとしてイメージするか、話題にするのかが、自分の役割だと感じるようになりましたね。

水落　具体例を紹介してもらえませんか。

本川　例えば、校内研修の会議があるときは「学校教育目標はこうですから、ここから考えると授業ではどんな感じになりますかね」とか「学校教育目標ではこういう姿で出していますよね。そこから下りてきた研修主題だったらこのような感じ、ではどんな授業を組み立てますか」といった感じですかね。

水落　なるほど〜！

本川　また、例えば、学校教育目標に「創造性のある子どもを育てる……」と書いてあるとします。そしたら、その姿を授業の中で表すとするとどうなるか、ということを話題に出すということですね。そうすると、学校教育目標にある子どもの姿を授業の中で求めていくと、『学び合い』がよりベターになっていきますよね。

職員室での『学び合い』もやはり「目標と学習と評価の一体化」！

水落　さて、「行動を縛る」から「心をつなぐ」というテーマで話し合ってみましたが、今までの話をまとめますと、「心をつないでから、行動を考えていく」ということになるでしょうか？　目標を共有してから進めていく。

本川　そうだと思います。

水落　目標と学習と評価の一体化につながりますね！　向かい合う関係から同じ方向を向く関係になっていきますよね。

本川　ですから、この「目標と学習と評価の一体化」って読めば読むほどその通りだと思うんですよね。あと、言葉だけでは伝わらないので、もう一つ私が行ったことは、この本の原稿にも二枚だけ挿入しましたが（三〇頁）、学級通信を毎日出すということです。

水落　十人十色（本川さんの学級通信のタイトル）ですね。

本川　写真を大きく出して、短い文の中に子どもたちがどんなことを考えていて、どんなことをやっているのかということ、私が何を考えてこういうことをしているのかということを毎日毎日、教室の外に向けて発信するようにしました。子どもたちが日々友達とどのように過ごしているのかという事実を少しでも多くの方に伝えるためです。あとは、子どもたち自身が家でその日のことを話してくれるでしょうし、先生方にも教室の情報をオープンにすることで、クラスの子どもたちにもたくさん声をかけてもらえます。もちろん、並行して私も積極的に他学年の子にかかわっていきます。教職員全体で全校児童を見ていくことを本当にやっていきましょうということですね。

第二章

『学び合い』を校内研修で広げる

阿部隆幸（上越教育大学教職大学院）

ゆる～く『学び合う』校内研修がIとWeをつなぐコツ

学校教育目標の実現をシンプルな構造で目指す

ここでは、私が研修主任としてゆる～くも、真剣に向き合った平成二四年度の校内研修のことを書いていきます。

私は、自分の中ではとんがった部分（他人との協働を考えない部分）があって、デュエルマスターズというカードゲームをもとに小学校社会科の歴史分野を学習した実践など、教室実践などでは、自分の興味関心のある授業研究に没頭するというようなことをしてきました＊2。しかし、校内研修となると別です。一緒に働く仲間と共に進めていくわけですから、職場にいる構成メンバー全員が納得し、受け入れ、ようしやるぞ！　という気持ちになってもらうように働きかけていかないといけません。

そこで必要になってくるのが大きく二つです。雰囲気づくりとイメージづくりです。

＊2　阿部隆幸「小学校社会科における学習カードゲームの効果に関する事例的研究」『臨床教科教育学研究15(3)』臨床教科教育学会、2015、pp. 1－8 .

第一の雰囲気づくりは、第二部第一章（三六〜四六頁）を特にお読みいただきたいですが、職員室内に『学び合い』の雰囲気を醸成することです。極端な話、これができていれば、別に校内研修のテーマがどんなものになろうとも実質は『学び合い』になりますし、『学び合い』で校内研修を進めたということになるでしょう。

第二のイメージづくりとは、**共に同じ「目標」に向かって、取り組むのだという考えを共有すること**です。私の場合は、前年度末、職場に水落さんを講師に招いて、目標を日常的に意識して目標に向かって取り組むこと、そして点検していくことの大切さを語ってもらいました。水落さんのいつもながらのプロフェッショナルな語りも重なり、同僚は目標の大切さをイメージできました。

これらをもとに、私が年度当初提案したのが次頁の図5です（石川晋編著『Ｔｈｅ校内研修』明治図書から転載、＊筆者作成）。これは当時の学校教育目標（考える子・優しい子・元気な子）をしっかり意識して向かいましょうということを意図した図です。そして目標達成のために「学習集団づくり」ということを考えていきましょうねという提案です。当時、チームビルディングなどが言われ始めた頃でした。このチームとか学級づくりといった「集団づくり」の仕組みを授業の中にもち込んでいくことがこれから子ども中心の学習活動の典型になると考えて私なりに考え出した言葉が「学習集団づくり」でした。

余談ですが、これを作成したあとに地区の教育委員会が出した方針に「学習集団」という言葉が入っていたことはちょっとした自慢でした（笑）。

「学習集団づくり」ですから、一度の授業で、または研究授業のような特別な授業だけで形成できるはずはありません。図にも書いた「日常の授業」が大切になります。そこで、目標達成のために図の「吹き出し」のような仕組みを考えました。


まず「学習集団」の高まりを見るためにQ-Uを使うことにしました。Q-Uとは「子どもたちの学校生活での満足度と意欲、学級集団の状態を調べる質問紙」（河村茂雄『授業づくりのゼロ段階 Q-U式授業づくり入門』図書文化社参照）です。学級集団の状態を客観的に見るための方法として最も普及しているものの一つです。Q-Uは基本的に学級集団を見るためのものですが、

＜研究構想図＞

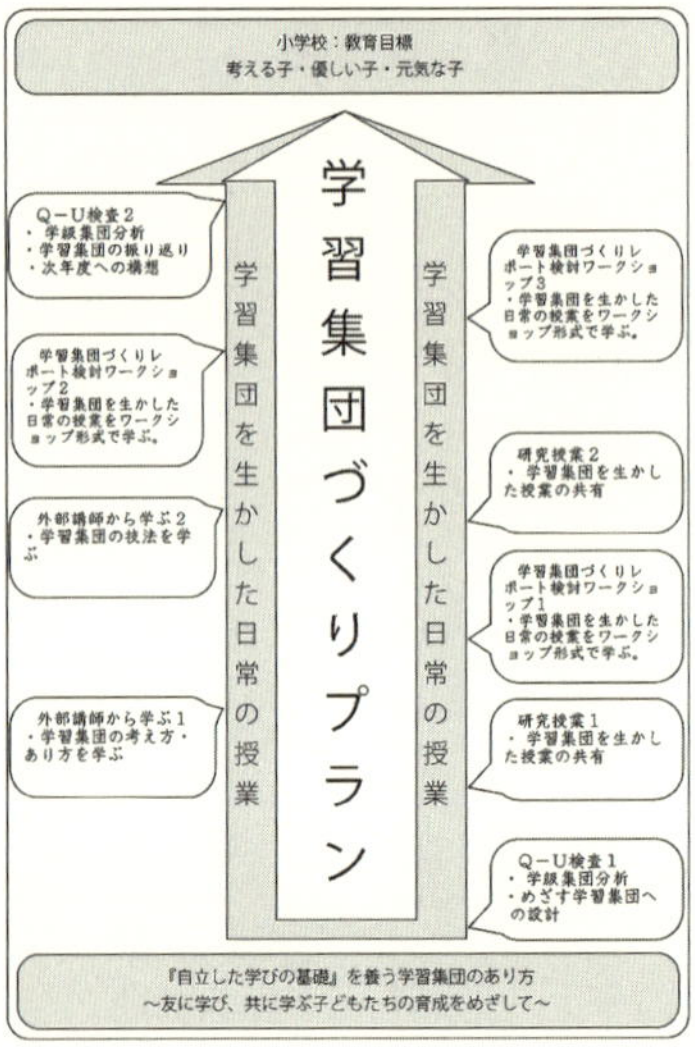

図５

学力とも相関関係があると言われていますので、客観的な指標として用いることにしました。六月に第一回のQ-Uを行い、一一月に第二回のQ-Uを行い、変化を見るという計画です。

学校の教育目標達成を目指すということから、特定の教科は決めずに、それぞれの先生がそれぞれの手法や考えで「学習集団づくり」を行い、目標達成に迫っていくという形です。図に明記していませんし、特段、先生方との会話にも出てきませんでしたが、目標を共有したあとは、それぞれのやり方でどうぞ……です。つまり、文字通り校内研修が『学び合い』で進められたということです。

風通しよく、お互いの素敵なところを学び合う関係づくりを

「目標」を共有したあと、方法はそれぞれのやり方で進める校内研修は、私にとって初めての試みでした。このとき、二つの心配がありました。

一つは「自分の世界に入って突っ走る人がいないか」です。実は私の若い頃を考えてしまうわけです。「目標」だけを設定してしまって「さあどうぞ」ということをしてしまうと、先生方は同じ教室空間にいる子どもたちとは、状況が異なってしまいます。つまり、

それぞれの先生方は子どもたちの指導にあたってはそれぞれ別々の場所、自分の教室で行うわけです。「目標」だけの共有ですと、若い頃の私のように自分の教室だけに没入する先生も出てくるだろうと考えたわけです。

二つは「何をしていいのかわからな〜い！　という人がいないか」です。経験が浅い先生、自分に自信がない先生、集団づくりを意識したことがない先生などは、もしかしたらこういう研修計画を見せられても戸惑うばかりで困ってしまうかもしれないと考えました。

この二つの問題の解決策は「情報の共有」という環境設定です。

図6（前掲書『The校内研修』から転載　＊筆者作成）の「学習集団づくりプラン」の情報共有をはじめとして、情報共有の月日と内容を事前に設定し、職員集団が寄り添う関係づくりの環境を用意しました。情報共有した内容は以下の通りです。

・学習集団づくりプラン
・六月実施のQ－Uの結果
・学習集団づくりを意識した授業のレポート（二回）
・学習集団づくりを意識した日常的な取り組みのレポート（二回）

・一一月のQ－Uの結果

基本的に全員が情報を提供し、共有します。共有もそれぞれにワークショップ形式で進めました。お互いのよいところを見つけ、自分も取り入れたいところは取り入れるという姿勢も確かめました。「目標は学校教育目標を達成することですから、よいものは取り入れるという姿勢は当然ですよね」といった感じで進めました。

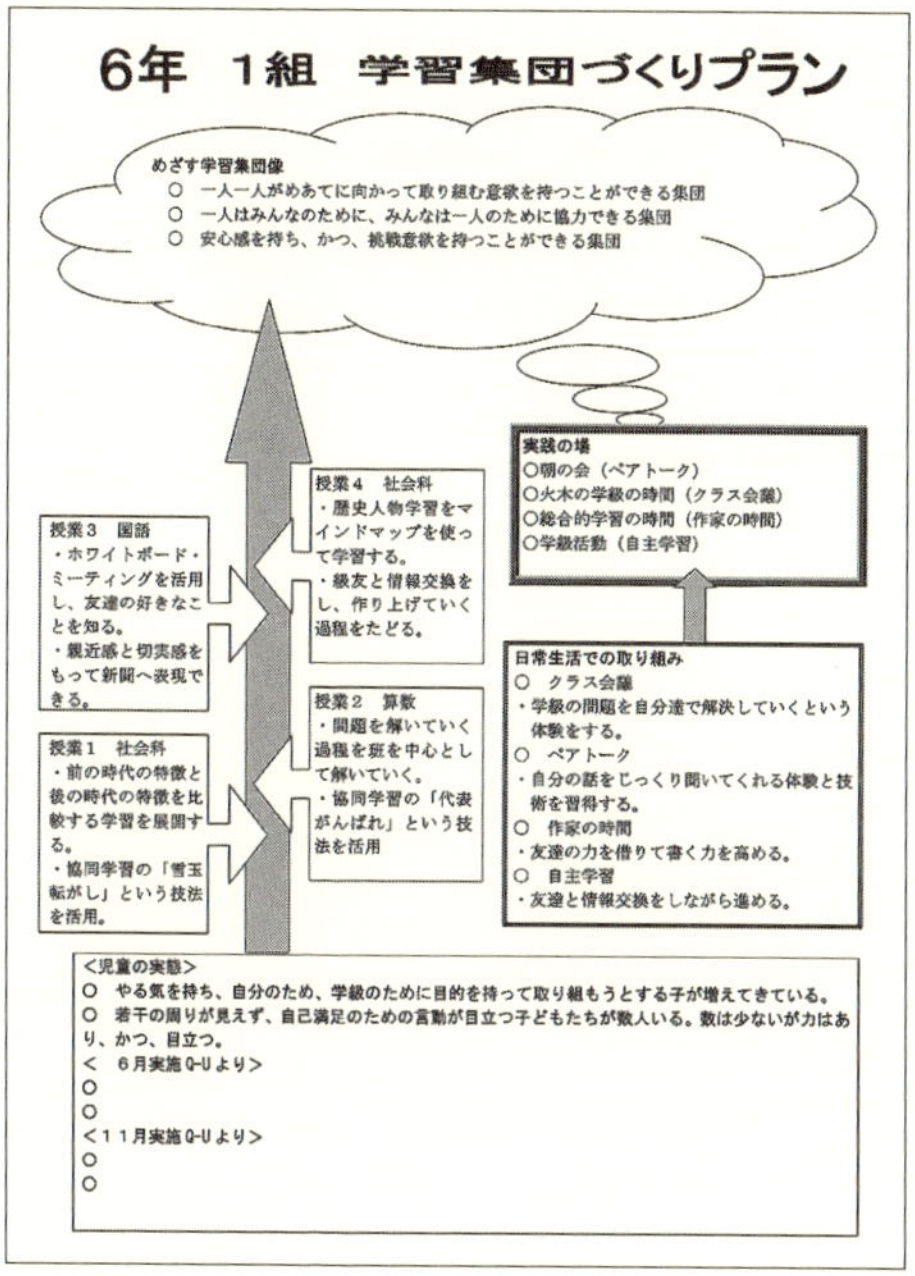

図6

例えば次の頁の写真は、第一回目の情報共有ワークショップのときのものです。四月最初に、それぞれの学習集団プランを作成し、全員でお互いのプランを見せ合います。それぞれ生活経験、歩んでき

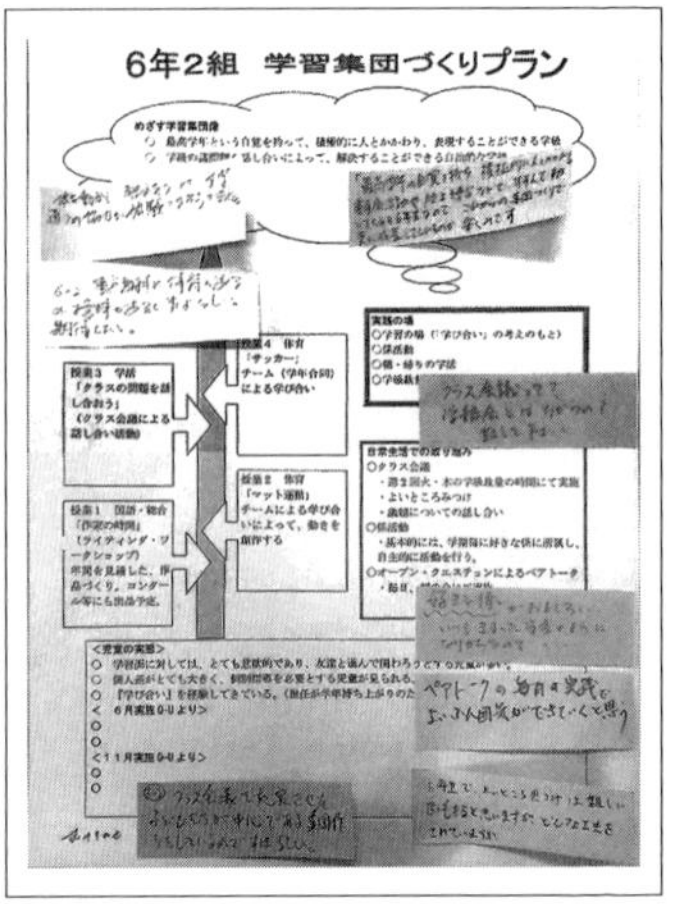

た道が異なります。ある人には既知だったり当たり前だったり、逆にある人には初めてのことがあります。それを「なるほど、なるほど」と付箋紙を使いながら、みんなで肯定的に話し合っていくのです。

この「学習集団づくりプラン」は、一年間各自の研修を進める柱となりますから、最も大切なものです。**「学習集団づくりプラン」のポイントは、四月に作成したものが完成ではないということです。**ときどき、理不尽な計画を（未だに）目にします。最初に計画したことだから、途中で、「なんだかおかしいなぁ、目の前の子どもたちに適していないなぁ」と思っても、計画通りに通すというようなことですね。何が大切なのかを見失っていますよね。「学習集団づくりプラン」は三月の年度終わりに、完成を目指します。それまでに何回でも修正して構わないと確認します。

例えば、四月当初「学習集団づくりプラン」をプランの中に書き入れて始めて行きます。その中で、教室の中を自由に歩き回って話し合うような授業計画を立てていたとします。しかし、目の前の子どもたちの様子を見ると、ペアで話し合う時間を長く確保した方がいいと感じており、校内研修で授業レポートの情報交換のときにペアで話し合う実践を目にして、その先生から具体的な考え方や進め方を聞いて、すぐに自分の「学習集団づくりプラン」の一部を修正し、自分の学級に取り入れたという先生がいました。まさしく、それをねらっていましたので、この先生の柔軟さをすばらしいと思い、皆さんで称えました。

最も身近な最も価値のある情報ストック集

次に、目標達成までの過程を紹介します。

日々の教育活動が始まると、校内研修では年間を通して三つのことをしていきました。

第一は、校外から講師を二回招いてお話を伺い、自分たちでは見つけられない情報や考え方に触れました。学習集団づくりや協働的に学ぶことに関する情報をもっている先生をお招きしました。

第二は、自主的な実践授業を行いました。校外から講師をお招きしたときに、その先生からアドバイスをいただけるという条件で、自主的に授業を公開してくださる方を募りました。桐生他によれば、授業研究はなかなか活性化しないという報告*3がありますが、面白いことに義務ではないと、いつも複数の方が名乗り出てくださいます。お招きした先生には一授業時間に複数の教室を行ったり来たりしていただき、講演後、校長室で個人的にアドバイスをいただくという密度の濃い時間を過ごすように設定しました。

第三は、その都度設定した各自の実践レポートを交換するワークショップです。

学習集団づくり授業実践１　６年１組

実践者　　６年１組担任　阿部隆幸

１　授業実践実践名

質問で主体的に関わり合いながら理解する授業

２　目的と方法

目的	方法
「浮世絵」「歌舞伎」「蘭学」「国学」といった江戸の文化を質問を通して理解する。	⑴　自分の興味ある江戸の文化を選ぶ。 同じ文化を選んだ人とチームを組む。 ⑶　２時間かけてその文化を詳しく調べる。 ⑷　自分が調べた文化を「説明」し、調べていない文化については「質問」をしに出歩き、４つの文化を詳しく知る。 ⑸　答えられなかった質問内容を詳しく調べる。 ⑹　もう一度、「質問」と「説明」をする。

３　具体例〔以下は⑷の部分である〕

『30分、質問の時間です。各チームは自分のコーナーを設け、一人だけそこに残ってください。訪ねてきた人の質問に答えます。自分たちで計算して自主的に交代してくださいね。一人だけ残ってあとはみんな、他のところに質問に行きます。質問でしっかり理解できるようにしましょう。はいどうぞ。』

「浮世絵って何ですか。」

「江戸時代に完成されたとされる絵です。実際に描く肉筆画と区別されます。いわゆる版画です。」

「もう少し詳しく教えてください。」

「浮き世というのは、現実という意味で、現実のことしか描かないようです。風景とか、人物とかが描かれていました。」

「有名な人はいますか。」

「安藤広重とか、葛飾北斎とか、菱川師宣などがいます。」

「どうやって描くのですか。」

「絵師、彫り師、刷り師などがいました。広重とか北斎とかは絵師だったみたいです。」

「なんで江戸時代にこういうのがはやったんだろう。」

「広重とかは、誰かに頼まれて、風景の絵などを描いて旅行に行かなくても行った感じになるようにしたみたいです。あと人物画は今で言うプロマイドみたいだったそうです。」

ある場面であるが、こんな感じで続いた。

前の二つも、価値が高い活動ですが、各自の実践レポートの交流が最も近くにいる方から具体的に学べる価値の高い実践情報ということで先生たちは最も楽しみにしているようでした。

授業レポートにしても日常活動レポートにしても「目的」「方法」「具体例（具体的場面の抽出）」というフォーマットで書くように統一して

＊3　桐生徹・久保田善彦・水落芳明・西川純「学校現場における授業研究での理科授業検討会の研究」『理科教育学研究49(3)』理科教育学会、2009、pp. 33-43.

学習集団づくり日常活動　６年１組

実践者　　６年１組担任　阿部隆幸

１　日常活動実践名

ペアトーク

２　目的と方法

目的	方法
級友のことを知り、共感することでお互いの信頼関係を深めることができる。	(1)　ペアになる。（翌日は左隣が一人ずつずれていく） 基本形は「昨日の出来事を教えてください」と一方が尋ねるところから始める。 (3)　１分30秒、オープンクエスチョンで問い続ける。 (4)　交代し、(3)を行う。 (5)　「ありがとうございました」と交わして席に戻る。

３　具体例

8時10分。

『今日のペアになりましょう。』

席を移動する子どもたち。

『では、始めてください。』

右側の子が質問を始める。

「昨日の出来事を教えてください。」

「昨日はね、すっごいことがあったの。」

「**というと？**」

「お父さんの子どもの頃のものが部屋から出てきて、みんなで大騒ぎしながら整理してました。」

「**どんな感じでしたか？**」

「お父さんが小学生だった頃の賞状が出てきて、すごかったです。」

「へえっ。小学生の頃の？**もう少し具体的に教えてください。**」

「なわとび大会の記録で、あや跳びが300回できたらしいんです。」

「すごいね。なんか**エピソードはありますか。**」

「よくお父さんは、自分は小さい頃運動神経がよかったんだと話していたんですけど、なんかあやしいなと思っていたんです。でも、この賞状を見て、本当だったんだと思いました。」

「ありがとうございました。」


います。考え方に共感できたら、進め方もわかるようになっているわけです。具体例ということで、エピソードを書くようになっており、ここを読めばなんとなく様子が想像できるようになっています。分量もA４判一枚としており、負担にならず全員の先生がそれぞれの実践例を提示して情報交換ができました。

この実践レポートが増えること、貯めていくことは、先生たちにとって「学習集団づくり」のレパートリーを増やすことになり、毎回の校内研修には笑顔が見られました。

Weな関係で「目標と学習と評価の一体化」を意識する

さて、結局は、いつものパターンに戻ってくるわけですが（笑）、戻ってくるというのは、（若干科学的ではありませんが）世の中の理に適っているようにも思います。つまりは、教え教えられる関係ではなく、共に学ぶＷｅな関係を校内研修でもつくることです。もし、あなたが研修主任であれば、新たな情報を皆さんに一方的に提供するような、そんな対峙した関係をつくるのではなく、Ｗｅな関係で学べるような環境づくりや仕組みづくりを徹底的に配慮することが大切ではないかと考えます。そして、単なる「なんだかたくさん話し合って学んだような気がする！」というだけで終わらないようにするために、**目標と学習と評価の一体化を校内研修でも意識すること**です。

ただ、私がこのとき、気持ちよく校内研修を展開できたのは、同僚とＷｅな関係が結べたこともあるでしょうが、管理職の理解が大きいです。校長も教頭も、「阿部に任せる」と言ってくださいました。どうしても頭ごなしに否定される方もいらっしゃるかもしれませんが、もし、最初に『学び合い』のように協働的に学ぶ研究授業を受け入れられない管理職でしたら、その管理職とＷｅな関係を築くところから始めたらいかがでしょうか。

アクティブ・ラーニングの嵐（改革）は、管理職が私たちのような考えを受け入れてくれるきっかけの第一歩のように思います。どんどん管理職に接近していきましょう。

「作業の分担」と「責任の分担」

水落芳明（上越教育大学教職大学院）

忙しいときにかける声

日本の先生方は「世界一忙しい」と言われます。私は、仕事柄いろいろな学校を訪問し、たくさんの先生方とふれ合う機会があります。そこで先生方の様子を見ていると、たしかに皆さんお忙しそうです。しかし、忙しいことは変わらないのに、先生方の表情にはずいぶんと違いがあります。一言で言えば、笑顔があるかないかです。

笑顔のある学校は、職員室が賑やかです。机に向かって仕事をしている先生もいれば、一つの仕事を何人かで助け合いながら進めている先生もいます。そこには、仕事の話だけでなく、たわいもない世間話も混じっていて、ときどき笑い声も聞こえてきます。机に向かって仕事をしている先生も、ときどきその話の輪に入って笑いの輪が広がったり、ちょっと人手が足りないときには、いつでも助け合える雰囲気があります。

逆に笑顔のない学校は、職員室がしーんとしていて、個別に机に向かって仕事をしている先生方ばかりで、笑い声など聞こえません。というより、笑い話などできる雰囲気ではない、といった感じです。では、こういう学校には、先生方が協働で作業することはないか、というとそうでもありません。でも、前者の学校とは決定的に違う世界があるのです。

まずは、声かけの違いから考えてみましょう。

人は忙しいときにどんな言葉をかけられるとうれしいでしょうか？

〈第一段階〉「大丈夫？　大変そうだね」
〈第二段階〉「手伝えることがあったら言ってね！」
〈第三段階〉「一緒にやりましょう」
〈第四段階〉「これ、やっておきました」

「大丈夫？」や「大変そうだね」と声をかけられるのは、無視されるよりはいいかもしれません。しかし、その言葉をかけられたからといって、自分の仕事が楽になるわけではありません。むしろ、手を止めて返事をしなくてはならない場合、ロスのあることだってあります。

〈第二段階〉の「手伝えることがあったら言ってね！」については微妙です。一見、優しい言葉のようにも聞こえますが、本当にＳＯＳを発して助けてもらえる状況なのかどうかによって、価値は変わってしまいます。声をかけた人の方がもっと大変そうで、とても手伝いを頼める状況でなかったり、言葉では「声かけてね」と言ってはいるものの、これまでその人が誰かを手伝っている姿を見たことがなかったり、日頃から文句ばかり言っている人だったりすると、とても仕事を頼めるような状況ではない、ということになります。

〈第三段階〉の「一緒にやりましょう!」と言ってくれる人は滅多にいません。とても貴重な同僚です。こういう人は暇なわけではありません。むしろたくさんの仕事を抱えながら、てきぱきと仕事をされるタイプが多いと思います。こういう声をかけられる人は、二つの仕事を一つずつ個別に分担するよりも、協力して二つの仕事をする方が効率的で楽なことを知っているのでしょう。さらに言うなら、研修会等のように「教える - 教えられる関係」で学べるものは限定的であり、同じ方向を向いて協働することで、その人のもっている技や考え方、ちょっとした工夫を吸収できることを知っているのだと思います。だから、Ｗｅな関係で協働できるのです。

〈第四段階〉の「これ、やっておきました」と言えるようになると、神レベルですね。というのは、いつもいつも「やっておきました」では、その人も大変でしょうし、やってもらった人が仕事を覚える機会もありません。でも、それを承知の上で、今はやっておい

〈第四段階〉は神レベル

た方がいい、という判断のできる人です。もちろん、こういう真似は私にはできませんが、私の周りにはこういう奇特な方がいていつも助けてもらっています。この本にしても鼎談部分の文字起こしはすべて阿部さんがやってくれました。

では、「一緒にやりましょう!」や「やっておきました」と言ってくれる仲間とどうやってつながるのか、どうやって付き合っていけばよいのでしょうか?

Weな関係をどう構築するか―責任の分担

「We」とは「目標を共有し、相互に高め合う集団」です。また、この関係では、目標を共有し、責任を分担して、協働することによって**成果も共有することが大切**です。この「責任の分担」は真に目標を共有する上で不可欠です。しかし、「作業の分担」に終始して「責任の分担」をできない場合もあります。ここでは、その違いについて考えましょう。

先生方は、出張や年休等で授業を別の先生に代わってもらうことがあります。他にも教科によっては、担任の先生以外の先生に担当してもらうこともあります。さらに、清掃の時間は自教室以外の場所を監督することもあります。このように、自分の担任する子どもたちが別の先生の指導を受ける場面は日常的にあるものです。こうしたときに「作業の分担」と「責任の分担」の違いが明暗を分けてしまいます。研究室の院生たちと行った実践研究[*4]の例をもとに考えてみましょう。

そのクラスには特別な支援を必要とする子が複数いて、なかなか授業が成立しないという問題を抱えていました。担任の先生は、中堅の先生で、それまで、そのような学級になった経験はありませんでした。学校としてもその学級をサポートする体制をとり、教育補助員の先生を配置したほか、校長先生、教頭先生、生活指導主任等の担任以外の先生が空き時間を利用して教室に入り、さまざまにサポートしていました。また、その他にも大学のカウンセラーや地域の特別支援コーディネーターがときどき訪問して助言する体制をとっていたのです。それでも、教室の様子は改善せず、私たちが授業参観に伺ったときには、子どもたちの何人かが机の上を飛び回る等、休み時間と授業中の区別がつかない状態でした。

全校でこのクラスをサポートする体制をとりながら、なぜ状況は改善できなかったのでしょうか？　図7はこのときのクラスのサポート体制を表したものです。担任の先生に対

＊4　小林克樹・古屋達朗・竹内智光・柴田卓也・若月利春・中村健志・松風幸恵・水落芳明「教師の協働がもたらす効果に関する臨床的研究―特別支援を必要とする学級における授業成立までの過程分析―」『臨床教科教育研究10(1)』、臨床教科教育学会、2010.

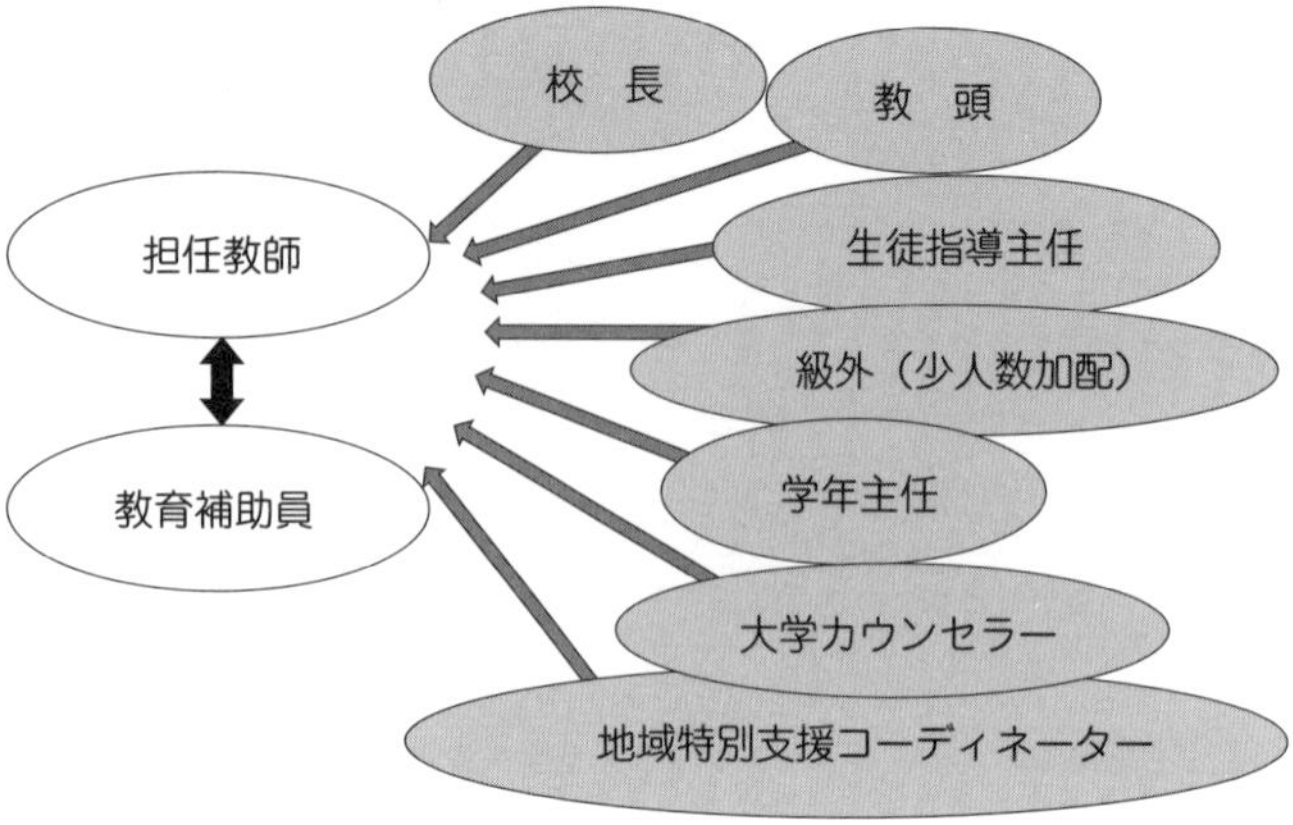

図７

して、さまざまなサポートが集まっているのがわかります。担任の先生や担任以外の先生はこのときのことを次のように振り返っています。

〈担任の先生〉
一学期はたいへんだった。たくさんの人からいろいろ言われ正直参った。①
〈担任以外の先生〉
一学期から支援に入ったのだけれど、具体的にどう支援したらいいのか分からなくて困っていたんですよ。いろいろな人が支援に入っていて、ごちゃごちゃしていたんだよね②。共通理解する場もなくてさ。

下線①部分を読むと、担任の先生は、周りの先生方からいろいろなアドバイスをもらうことがかえって苦しかったことがわかります。結局、周りの方々が良かれと思ってアドバイスをしても、そのアドバイス通りにできないことが担任の先生を苦しめてしまったのです。また、下線②部分を読むと、周りの先生方のアドバイスが、同じ方向に向かっていなかったことがわかります。こうした状況ではなかなか効果を感じることはできません。

また、こうしたサポート体制には、もう一つの怖さがあります。さまざまな先生方が教室に入ってアドバイスをすることが、子どもたちにどのように見えるか、ということです。第一弾[*5]で可視化の例として紹介したとおり、人がどのような存在として可視化されるのか（どのように見えるのか）は、その人自身の言動だけでなく、周りの環境の影響が少なくありません。特別な支援を必要とする子どもに対する特別な支援が、かえってその子を特別な支援の必要な子としてしまうことだってあるのです。それと同様に、こうしたサポート体制によって、担任の先生が「サポートの必要な先生」と子どもたちから思われてしまったとしたらどうでしょう。子どもたちは担任の先生の指示を素直に聞くでしょうか？　こうした可能性も検討しながら、担任の先生に寄り添ったサポート体制を組むことが必要です。

＊5　水落芳明・阿部隆幸『成功する『学び合い』はここが違う！』学事出版、2014年、144〜149頁

図８

Weな関係をどう構築するか―成果の共有

私たちは、まずその先生の願いを聞いてみることから始めました。はじめのうちは、また別のサポートチームが来たのか、と緊張していた先生も「Weの関係」で一緒にがんばりたいことを伝え、お話ししていくうちに打ち解けて話してくれるようになりました。その中で、聞くことができた担任の先生の願いは「落ち着いた学級をつくる」ということでした。

これで担任の先生と私たちに共通の目標ができました。イメージは図８のとおりです。一学期の体制と違うのは、担任の先生とサポートチームが「向かい合う関係」ではなく、「同じ方向を向く関係」になっていることです。あとは、その共有した目標を達成するための手立てを一緒に考え実践していけばＯＫです。それぞれの手立てが同じベクトルに揃うように相談しながら進めました。具体的には、問題行動よりも良い行動に着目することや、授業を時間通りに始めて時間通りに終わるなど、先生も時間を守ること等を打ち合わせました。また、授業は「目標と学習と評価の一体化」の考え方を軸として、その授業で何をできればいいのかを、授業の最初に示し、見通しをもって学習できるようにしました。すると、すぐに効果が表れました。担任の先生は子どもたちを注意する回数が減り、「よくがんばったね！」という感動を表す声かけや「その調子だよ！」とか「はい、ＯＫ！」という子どもたちを安心させるような声かけが増えていきました。それにともなって、先生が説明をしている最中に席を離れる子どもたちの回数が減って行きました。

「落ち着いた学級をつくる」という願いを実現した担任の先生と教育補助員の先生からはこんな言葉をいただきました。

〈担任の先生〉

一学期は砂漠の中に一人ぼっち、教育補助員の先生もいたから二人ぼっちか（笑）。二学期に院生さんたちと一緒に授業をつくることができて本当にありがたかった。砂漠にいた自分に水が染み渡ってきたようでした。

〈教育補助員の先生〉
院生さんたちは、先を考えて目標をもってやっている。

この実践研究を通して、子どもたちがきちんと学べるようになっていったこともうれしかったですし、担任の先生の表情が明るくなり、元気になっていったことがとてもうれしかったのを覚えています。そして何より、「Ｗｅな関係」の大切さをあらためて感じることができました。

【対談】Weな校内研修にするには

研究授業のイメージ

水落　研修主任や研究授業をされた経験があるかと思いますが、ご自身の話でも周りの先生を見ての感想でもいいですので、お聞きしたいのですが、正直、校内研修って楽しかったですか。

阿部　ははは（大笑）。すごい質問ですね。第二部第二章で私が現場で研修主任をやっていたときのことを書いています。このときは管理職が好きにやっていいよと言ってくれました。それで、よくありがちな全員で必ずやるような義務感がないように進めました。そのときは、いろいろな意味で縛りがありませんでした。回していたのが私だったので、そのときの関係者に聞いてみないとわかりませんが、私自身は有意義な経験ができたと思っています。

水落　今、義務感という言葉がありましたけれど、校内研修ってなぜ義務感とかやらされ感が募るのでしょうか。みんな、心のどこかで大事だとは思っていますよね。大事だろうけど、やだなぁという感じですよね。もしかしたら、読者の中には「そんなことないよ、うちは意欲的にやっているよ」という学校もあるかもしれませんが、みんな授業者をやりたがるという学校は少ないですよね。授業を見に行くのはいいと思っているのでしょうけど。

阿部　ですから、多くの学校は、「じゃあ、全員一授業やりましょう」となることが多いですよね。やるやらないで揉めるのは嫌だから、ここは平等にやりましょうってね。そうなりますね。

水落　そうそう。みんなが、負担を分担するんだって。

阿部　そうそう（笑）。そういう公平性（笑）。

水落　それって何か違いますよねぇ。嫌なもんだから公平にやるんだって……（笑）。

阿部　うちの娘の中学校の「総合的な学習の時間」での職場体験みたいな話ですね。

水落　何ですか、それは？

阿部　グループをつくってから、それぞれに職場体験に行く場所を決めるという流れだったらしいんです。三人グループで、一人は幼稚園。一人は牛を飼っている農家、一人はコンビニを希望したらしいんです。話し合いの結果、誰も譲らない。それで、公平ということで、三人の誰も希望していなかった自動車工場での職場体験を選んだということです。

水落　ははは。三方一両損みたいな……（笑）。

阿部　行く意味、まったくないですよね（笑）。折り合いを付けようよって話したみたいなんですけどね。

水落　みんなで負ければいいみたいな。

阿部　たまに聞きますよね、こういう話。合併して新しく学校をつくるときの場所とか。

水落　新しくできる駅をどこに建てるとか。それってね、平等と公平の違いとか、考え方をどのようにとらえるのかということになると思うのですが、みんなが同じ量の労働をすればいいという感じですよね。結局、何をやる？　同じ量だけ汗をかくという発想ですよね。これからは何を明らかにしたかが大切だと思います。明らかにしたいことはなくて、苦役だから同じだけみんなが汗をかきましょうということになりますけど、うちの学校の子どもたちを育てていく中で、これを明らかにしたらいいよね、これを検証できたらいいよね、という目標みたいなものを先生方で共有できたらいいと思います。結局、研究授業って何を明らかにしたいかということが何にもなくて、あの先生の授業から何か技を盗むんだというような適当な話で、よく目標を共有せずにやるから単なる苦役になると思うのです。研究授業で何かが明らかになったという話は、余り聞いたことがありません。この指導法がいいとか、この指導法はいいからこれをやりましょうとか。でもそういうもの（目標の共有）がないから、すごい大汗かいて、準備にたくさんの時間をかけて、誰も真似できないようなことをやってみました。ああ、よくがんばったね、いい授業だったねちゃんちゃん終わり（笑）。誰も真似しないですけどね、みたいな（苦笑）。

校内研修の性質って何だろう

阿部　確かに（笑）。福島では、よく共同研究という言い方をします。学校で研究を進めるときに、「いろいろな教科でバラバラにやっていきましょう」とか、「それぞれの得意分野でやっていきましょう」といった流れになるときがあります。反面、ある先生たちは、学校で一つのテーマで進めなければ意味がないので、国語でやりましょう、算数でやりましょうという話にもっていくわけです。バラバラにやっていたのでは意味がない、というのは確かにそう思えますのでそこは受け入れるとしても、私は目標を共有するとか一つのことを一緒にやるという形にして、それ以外はそれぞれのキャリアだったり、得意だったり、個性だったりを生かしていく方が面白いんじゃないですか、と提案することがよくあります。なぜかというと、公立の学校の先生って数年経つと異動しますよね。ここにずっといるのでしたら、そこの伝統に染まるのもいい手段だと思うんです。でも、異動することを考えると、そこの伝統そこの伝統というよりも、自分の腕といいますか、教育観といいますか、授業観というものを学んでいった方が「一教員＝一事業主」のように渡り歩いていけるように思っているんです。水落さん、この私の考えをどう思いますか。

水落　ありだと思いますよ。もしかしたら話がかみ合わなくなるかもしれませんが、現場の研究授業は、大学でやっている研究とは全然違います。現場の研究授業は、基本的に何かを明らかにしようとか、何か指導法の効果を検証しようとかいうものではないですよね。「どうやったら腕が上がるか」が、主な研究になっていると思います。「この指導法はこうやったらうまくいくよ」というように、ですね。ですから、阿部さんが言ったように、みんなで一つのことを明らかにするわけじゃないんだから、キャラクターやキャリアの中でその人に合った腕の磨き方、修行をしていけばいいのだろうと私も思います。

阿部　もしかしたら、同じ職場で生活する人としては、勝手にやっていたのでは意味がないから、目標なり何なりを一緒にしましょうよっていう言われ方をされますかね。

水落　勝手にやったら意味がないというのはどういうことですか？

阿部　勝手にやるというのは、例えば、文化といいますか、そこの共同体といいますか、コミュニティといいますか、そこに一緒にいる人として共有するものを無視してはいけないということですかね。

水落・阿部　……（笑）。

水落　わかるような気もするんですけど、私はついつい、研究授業が好きではないから嫌な言い方になってしまいますが、意味がないというのは、それではやったことにできないからということではないでしょうか。それぞれが点でバラバラにやっているだけで、まとまりがないと思われてしまう。「あの学校は、「研究紀要も出していない」とか「研究授業がないんだってさ、というような噂がたつ」とかですね。例えば、ベテランになっても研究授業をやる人なんて、余りいないいんじゃないでしょうか。ですから、点でバラバラにやると全員が結局やらなければいけないことになりますから、ベテランの人は、「あなたはやっていませんよね」といったことになるのが怖いでしょうし、困るでしょうから、みんなやったことにしましょう。それで偉そうにそのベテランの人は、指導助言的な立場になって、やったことにするという意識を働かせるのかもしれません。

阿部　講師で、期限つきで働いている若い方がいますよね。教師よりも給料が低いのに、校内で研究授業をやらなくてはいけないということになると、その人たちに授業をやらせることをよく見てきました。本当でしたら、あなたが給料をたくさんもらっているのだから、あなたがやらなくてはいけないでしょうと口に出したいところなのですが（笑）。

水落　でも、「あなたの勉強のためだからやってみたら、譲るよ」ということになるわけですよね（笑）。

研究授業は苦役というところに問題あり！

阿部　研究会のもち方についてです。授業の事前検討会がありますよね。授業者が指導案を書いてきます。それを、ああじゃないこうじゃない、こうしたらいいとか勝手に言い合います。その結果、授業者が最初に書いてきた指導案とはまったく別の指導案ができあがって、それをもとに授業をして、事後の検討会で「どうしてあんな授業の流れにしたのか？」といったような発言をされて、「それはあなたが、そうしろと言ったからだ！」とのど元まで出かかるが言えない若い教師（笑）。といった構図を見ることがあります。

水落　「こんな指導案じゃ授業にならないよ！」っていう人がいますが、「いや、毎日の授業、それでやっているからね」って（笑）。

阿部　ですから、事前には、さらりとその授業者のプランといいますか、やりたいことを確認するだけにして、事後にしっかりとやりたかったことを確認するような、そんな感じがいいのではないかと思うのです。

水落　そこで大切なことは、やりたいことをやるのはいいですし、それがうまくいったとしてですね、それが次にどのようにつながるかということなんだと思います。つながらないと研究にはならないですよ。

阿部　なるほど。

水落　研究授業はあってもいいですし、法的にも研究と修養を、と言われているわけですから、やっていかなければならないわけですが、それをやって何の役に立つのか、どう生かされるのかということがわかっていないと、また苦役の話に戻ってしまうと思うのです。結局、研究授業が苦役になるのは何のためにやっているのかわからないからですよ。昔あったじゃないですか。捕虜だか奴隷だか忘れましたが、一番つらい苦役は穴掘れと言われて穴掘って、ピピ～と笛が鳴り、穴を埋めろと言われて穴を埋める作業をする。そしてまたピピーとなったら掘れ、そして、埋めろみたいな。やりがいがないわけですね。何のために苦労したのかわからない。これをやったからって誰の授業に生かされるわけでもない。その単元を同じ学年を来年また持つわけでもない、その単元で自分が授業をすることは少なくとも、一年後、もしくは、二、三年後、またはもう一生この単元をやらないかもしれない。ということは、明日の授業に生かすのに何がこの授業で得られるのだろう……。なんて考えているとまったく意味がないような気になってしまう。それが前提にあって、先ほど阿部さんが言ったように、周りの人からああでもないこうでもない、ということになって、自分のやりたい授業さえできないということになるわけで、自分のやりたい授業ができないという不満は、苦役（何のために研究授業をやるのかわからない）の次に来る問題ように思うわけです。

阿部　なるほど！　すごくわかります。

研究授業の目的を考えよう！

阿部　では、何のために研究授業をやるのかを職場の先生たちがもてればいいということになると思いますが、そのためにはどうすればいいでしょうか。

水落　そこで、よく勘違いされることの一つに、研究発表会がありますよね。研究発表会を成功させるためにやるとか、発表会にたくさん人を呼ぶためにやるということになるときがあります。でも、それは子どもたちには全然関係ない話ですよね。

阿部　そうですね。

水落　「今、子どもたちがこの状態だから、こういうふうに伸ばしていく必要があるから、そのための授業法、指導法を考えましょう」ということになるんだったら、わかります。しかし、そうなると果たして、本当に全校で共通のテーマでできるのかと思うときがあります。授業と同じで、トンネル型とでもいいましょうか。間は真っ暗なトンネルの中を突き進むように、見通しがもてないと苦しい。これが目標で、このように評価される、このようにアウトプットされるとわかっていれば、工夫のしがいがあるんですよ。せっかくの工夫を簡単に終わらせてはいけないんですよ。一人一授業をやらなければならないというように苦労することが目的になっていたり、嫌な思いをすることが目的になっていたりすること、その部分が研究授業の最も深い問題点ではないかと思います。

阿部　なるほど。今の考え方ですと、共通のテーマを共有することは難しいということになりますか。目標をつくるまでのところを丁寧にやるようにすればいいのでしょうか。

水落　成功している研究授業ってどんなテーマでやっているのでしょうか。

阿部　研究授業の成功を見たことがないんですか。

水落　阿部さんはあるんですか？

阿部　（しばらく無言……）逃げの答えになりますが、研究授業の成功って一体何なのかと考え込んでしまいました。

水落　そうなってきますよね。授業が上手くいけば研究授業は成功か？　というとそうではないですよね。この方法では上手く行かないということが研究授業で明らかになれば……。

阿部　それも成功ということになりますか。

水落　成功ですよねぇ。論文では少なくてもそういうことはあります。もちろん、失敗だけではダメですが。Aではダメ、Bではダメ、Cだったらうまくいった、Dはダメ、Eはうまくいったとなったら、CとEのうまくいった共通項は何だろうと考えます。αという共通項を見つけたとします。それではαを試してみましょうとなるわけです。また、Aではうまくいかなかったのが$A+α$を行ったらうまくいった場合、αが鍵だろうということがわかります。そして次の単元でαを入れるにはどうすればいいという話になり『大造じいさんとガン』でαを入れるにはこうだよ、『走れメロス』ではこうだよということになったときに研究となるのだと思います。こんな展開の研究授業を見たことがありますか。

阿部　いやぁ……ないですねぇ。結局終わったときに、「お疲れさま」と言って、指導助言の先生がその部屋から出て行ったときに拍手で終わるみたいな感じです。

水落　そうそうそう。「今晩、よく寝てくださいね」なんてね（笑）。

阿部　そういう研究授業でよく見られる姿は、研究テーマはありつつも、その場にいる先生は子どもたちががんばっている姿を見ることに特化することです。テーマは外に置いて「Aちゃん、今日はよくがんばっていた」「生き生きしていた」「発表しない子が発表していた」「こんな発言をしていたのがよかった」という形で評価し合うのです。テーマや話し合いの中での共通項はなく、一定の方向に向かっているわけではないのですが、多くの先生は子どもたちの活躍は見ているという感じですかね。自分自身の教育的価値観の中でいい授業、よくない授業と先生方同士が評価し合っているように思います。

つなぎつながる研究授業が一つの方向性！

水落　先ほど、「研究授業の成功を見たことがありますか」と阿部さんに尋ねましたが、私は一つだけ成功と言っていい例を間近で経験しています。私が大学に勤めはじめた頃に、共同研究を行った村松小学校（新潟県五泉市立村松小学校　皆川孝校長・当時）です。学び合う授業づくりをやろうということでかかわらせてもらいました。あるとき、どういう問いを立てれば国語の授業で子どもたちが学び合いを展開しやすいのだろうという話題になりました。これ、第二弾に書きましたけれど（一九～一二三頁）、最初は気持ちはどうかというような課題を出してみんなで見てみるわけですよ。そうすると、この課題ではすぐに答えが出てしまって学習が行き詰まってしまうことがみんなわかります。そうなると、次は「この気持ちはどうでしょう」という発問はやめようということになりました。「なぜどうして」という問題も同様に行き詰まります。そんなこんなでみんなが悩んでいて、あるとき「スイミー」の授業があったのですね。そのときの先生が展開の中で、「スイミーはその群れの内側にいたのでしょうか。外側にいたのでしょうか」と問うたときに、子どもたち全体が一斉に止まって、「どっちなんだろう？」と活発に探し始めたのです。この課題の出し方がよいと職員全員で話し合って、子どもたちが学び合う授業をやるためには、二者択一になるような課題がいいのではないかという仮説がその授業から生まれました。それでその後、二者択一の課題にした授業をやってみたら、やはり上手くいった。それでこれがよいだろうということになりました。そして、この単元の授業で二者択一の課題にするためにはどうすればいいだろうかということが、この次の事前検討になっていったわけです。それがうまく展開して、次の段階へ進んでいきました。このような形なら、研究として認められると思うのです。でも、大抵の研究授業はそういうふうにつながっていきません。何を明らかにしたらいいのかわからない形で進めています。「二者択一にしたらいいよ」と村松小学校で私は一言も言ったことはなく、そこの先生方が明らかに自分たち自身で検証していきました。

目標を意識したWeの構築を!

水落　この場合、次に困るのは二者択一という縛りができてしまい、課題は必ず二者択一でなければならないみたくなることですね。

阿部　はいはい。それってよく聞きます。全国的な規模の研究団体にしろ、ある教育的な思想、技法にしろ、最初の頃はそれらを生み出してきた人たちがいろいろ意味や理由があってそれをしっかり説明した上で、だからこうした方がいいということを主張されてきたはずです。しかし、こうした方がよいということだけが残ってしまい、一人歩きしてしまうんです。

水落　この本の著者のお一人、石川町の大野指導主事も言っていますが、マニュアル人間ですね。無責任にやりたいわけです。「言われたとおりにやったのにね」って楽にやりたいわけです。

阿部　問いがあり答えが出て、また新たな問いが出てまた答えを出し、また問いが出るというような連続性があるとそれは研究授業として成功ということになるのではないかということになりますかね。

水落　一つの見方ですけどね。

阿部　なるほど。私の見た例を話します。多くの先生方もそういうことが研修と思ってはいるみたいです。「今回の授業をやってみたらこういう課題が出たね」という話にもっては行くわけです。しかし、「今ここで出た課題を解決する授業をこの一ヶ月で自分が考えなくてはいけないのか……」と次の授業者が暗い顔をする姿をよく見ます。

水落　課題が出たというのは、目標に向かって課題が出たという意味です。今、阿部さんが出してくれた例えは、この授業にはこういう課題がある、ああいう課題があると言って、たくさんケチをつけただけですよね。そういうことであれば、ありとあらゆるものにケチをつけられます。三つ星レストランの料理にだってケチはつけられますよね。カロリーが高すぎるとか値段が高すぎるとか。それを全部解決する方法はありえないわけです。

そうではなくて、この目標を達成するためにこの指導法は効果があるのかないのかということを考えるわけです。目標がシャープに定まっていないからケチが出るのでしょう。黒板の文字が汚いとか、床が汚れていますねとか、テーマとかけ離れたことを指導助言の中で話すようになります（笑）。

阿部　ははは。あります、あります（笑）。

水落　上位目標があって、下位目標を達成したときに上位目標へ向けてまた次の下位目標につなげていくということなのだと思います。結局はこの対談のテーマであるＷｅにつながっていきますね。つまり、五月の授業者がうまくいったら、それでいいし、失敗でもいい。それを六月の授業者がつないで授業をやる。そうやってつながっていけばいいわけです。Ｗｅな研究授業を目指しましょう。

教師同士がつながる研究授業を

第三章　学校全体で『学び合い』を広げてつながる

水落芳明（上越教育大学教職大学院）

こんな研究授業ならいつでもしますよ

ＩＲＥ構造の授業研究会は苦しい

授業研究会では、次頁の図9のように授業者の先生と参観した先生方が質疑応答する場面をよく見かけます。一般的な研究授業の場合、授業者だけが参観者からの質問に答える責任を負っているためです。このため、授業者は一人で質問に答えなければならず、苦しい状況です。この話は『学び続ける教師になるためのガイドブック』[*6]にも書いたので合わせてご参照いただければ幸いです。

これは、その授業のデザインについて、授業者一人が責任を負っていることが原因です。指導案を検討する場が事前にあったとしても、そこに提案する指導案を作成するのは授業者本人である場合がほとんどですし、検討会で出された意見をまとめ、指導案に反映させるのは授業者であり、指導案を作成する人と授業者が別の人物、という例は見かけま

＊6　赤坂真二・西川純編『学び続ける教師になるためのガイドブック成功する学校改善プロジェクト編』明治図書、2015、pp. 139-157.

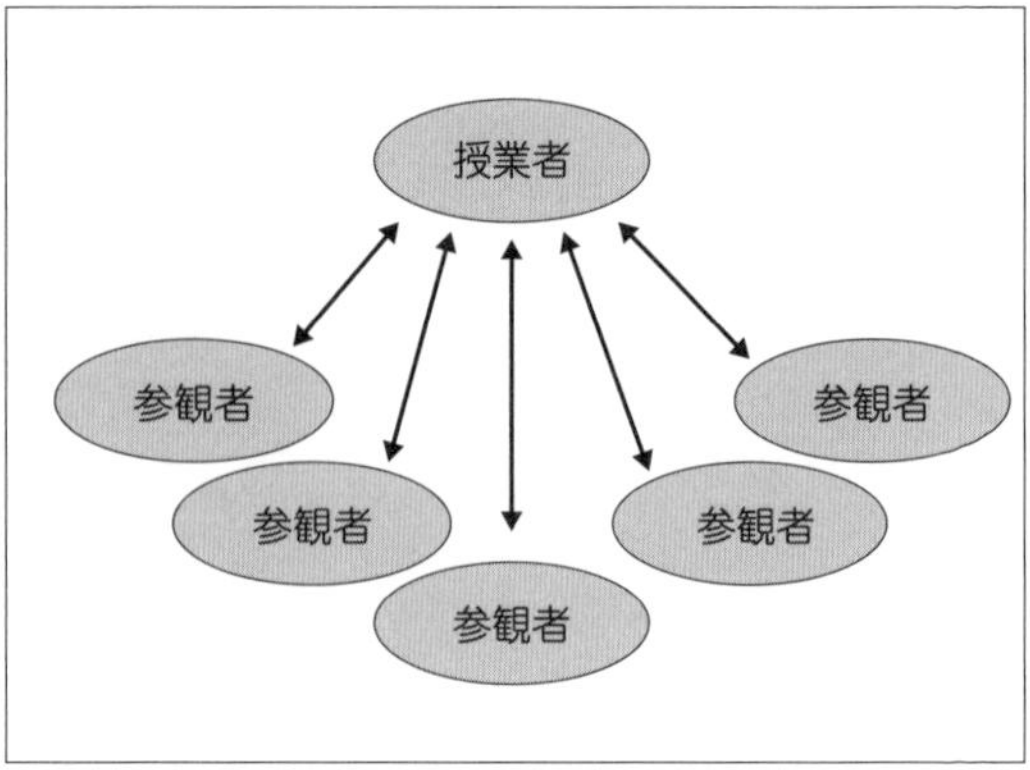

図９　IRE 構造の会話モデル

せん。つまり、その授業に関する責任を授業者一人で背負ってしまっているのです。近年、学校において授業研究のために授業を公開することをためらう教員が増加しているという報告＊7があることも頷けます。

　このような指導案作成の過程によって行われる授業研究会では、教室とよく似た構造の会話が見られます。ＩＲＥ構造＊8と呼ばれるもので、教室で先生の開始の発話（Initiation）に、子どもが応え（Reply）、教師が評価（Evaluation）する会話の構造です。教室では一般的に行われるスタイルの会話かもしれませんが、世の中では一般的とは言えません。一般的に質問は、知りたい情報があるのに、わからない人がするものです。もしも、

「○○駅への行き方を教えてください」

と道を尋ねた人がいたとして、

＊7　千々布敏弥『日本の教師再生戦略』教育出版、2005、pp. 102-107.

＊8　Hugh Mehan『Learning Lessons』Harvard University Press、1979.

「二つめの信号を右に曲がったところです」

という応えに対して、

「正解です。よくできましたね」

という人がいたら首をかしげてしまいますよね。このように教室で展開する会話には、特異な構造があるのです。

外部指導者も授業者になる研究授業

私は、小学校に勤務しているときに、研究授業を推進する役割を担当したことがあり、こんなことをやってみました。

研究授業には、教育委員会から指導主事の先生を外部指導者としてお招きします。ここまではよくあることです。しかし、私たちは、学校の職員が授業をするだけでなく、外部指導者の先生にも当日授業していただくことにしたのです。外部指導者の先生には、事前に研究主題やテーマを伝え、当日に授業と同じ単元を同じテーマで授業していただきました。四時間目には学校の職員が授業し、五時間目には隣のクラスで外部指導者が授業する、といった授業研究会です。学校の職員の授業は、同じ学年の先生方や研究推進部のメ

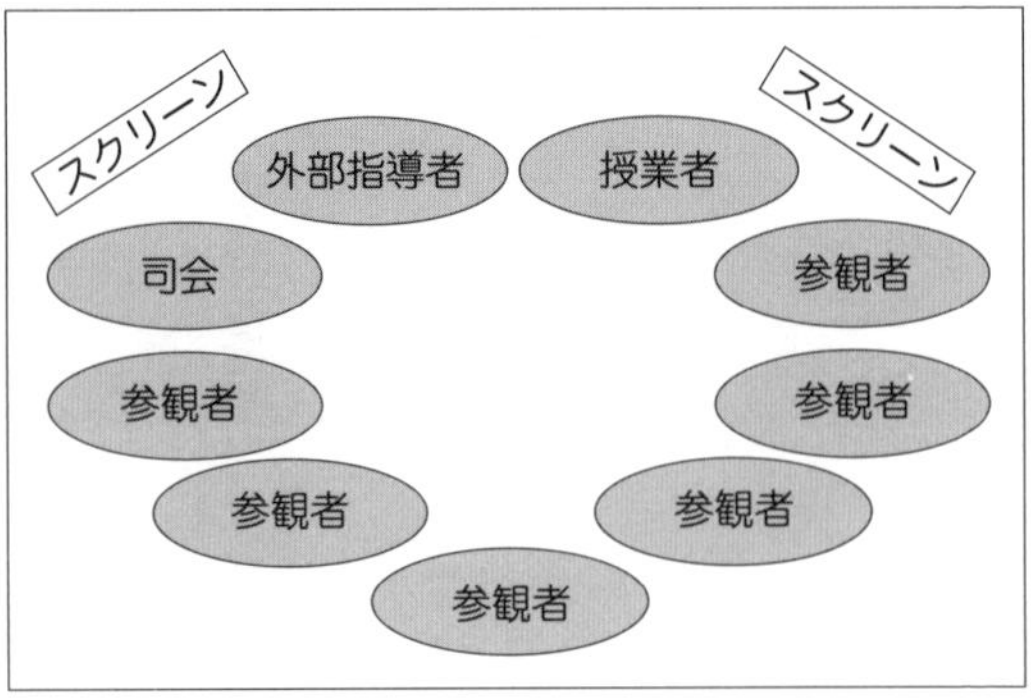

図10

ンバーで考えた指導案で授業し、外部指導者の先生は、ご自身で考えた指導案の授業でした。

二つの授業後に行われた協議会は上図（図10）のように会場を設定します。スクリーンを二つ用意し、授業VTRを研究テーマに沿って振り返りながら話し合ったのです。同じ単元の同じ部分を二つの授業を比較しながら検討しました。

二つの授業は、異なった手立てや展開であるのに、同じ研究テーマに向けた素晴らしい授業でした。学校現場を離れてしまった私にとっては良い思い出です。それにしても、よく引き受けてくださったと思います。大変感謝しています。

ピンボール発話の授業研究会に

この経験は、大学に移ってからの研究スタイルにも大きく影響しました。新潟県の五泉市立村松小学校に研修でお招きいただいた際、『学び合い』について説明しているうちに、「よかったら実際に私が授業やりますよ」と持ちかけ、授業を観ていただきました。私が授業をして、その授業をもとに学校の先生方と協議するスタイルです。この経験は私たちの『学び合い』をつくり上げていく上でとても有効でした。講演等で説明するよりも早く現場の先生方にご理解いただけましたし、何より、「目標と学習と評価の一体化」に関する説明の基礎はここで完成していったと感じています。

このときの経験をもとに、私たちは研究室のメンバーと授業者一人が責任を負って辛い立場にならない授業研究会のスタイルを考え、当時研究室にいた小林克樹先生（新潟県小学校教諭）を中心に実践研究を行いました。まずは、校内研修のテーマに沿って、その授業が何を検証するための授業なのか、目的をはっきりさせます。当たり前のようでこれは以外と行われていません。たいていは、校内研修のテーマはさておき、その授業がうまくいったのか、どうすればもっとうまくいったのか、という視点ばかりで協議されがちです。だから、授業者の行動に注目が集まり、あれが失敗だった、もっとこうすればよかったのに……ということを言われ、苦しくなってしまうのです。私たちはまずそうならないために、その授業は、校内研修のテーマに対してどの手立てが有効なのか否か、を検証するための授業をみんなで考えるところから始めました。方法は次の通りです。

（1）指導案なしのディスカッション

これは、研修主任の先生と授業者が研究授業に対する目標を共有するために、まずは指導案をもたずに研究主題を踏まえて授業の構想について話し合うものです。研修主任と授業者の間にあるのは研究主題だけ、そこまでに資料を用意する必要はありません。

（2）短時間検討会

放課後に一五分〜三〇分以内での短時間で指導案について話し合う会です。研究推進部や、授業を行う学年の先生方の少人数でポイントを絞って行うため、短時間でできます。

（3）全職員で抽出学習者の手立てを考える会

ここでは、授業研究会当日に抽出して記録する学習者を決め、その子たちの学習を高める手立てを全職員で話し合う会です。指導案の本時の展開部分を空欄状態で行うことがポイントです。

このような手続きで進めると、授業研究会で授業者一人が責任を背負って苦労することがありません。**授業の中で仮にその手立てがうまくいかなかったとしても、授業は失敗ではなく、その手立ては有効ではないことが検証された、**ということになるからです。また、その手立てはみんなで考えたものであり、授業で試すことにしたのもみんなの責任ですから、授業者一人が責任を負うこともありません。授業者は、授業に対する全責任を負うのではなく、その手立てを検証するための授業担当者に過ぎないのです。このスタイル研修を、目標を共有し、責任を分担して協働し、成果も共有するというWeの考え方から「Weスタイル研修」と呼ぶことにしました。すると、授業後の協議会での会話の構造が上図（図11）のように変わったのです。

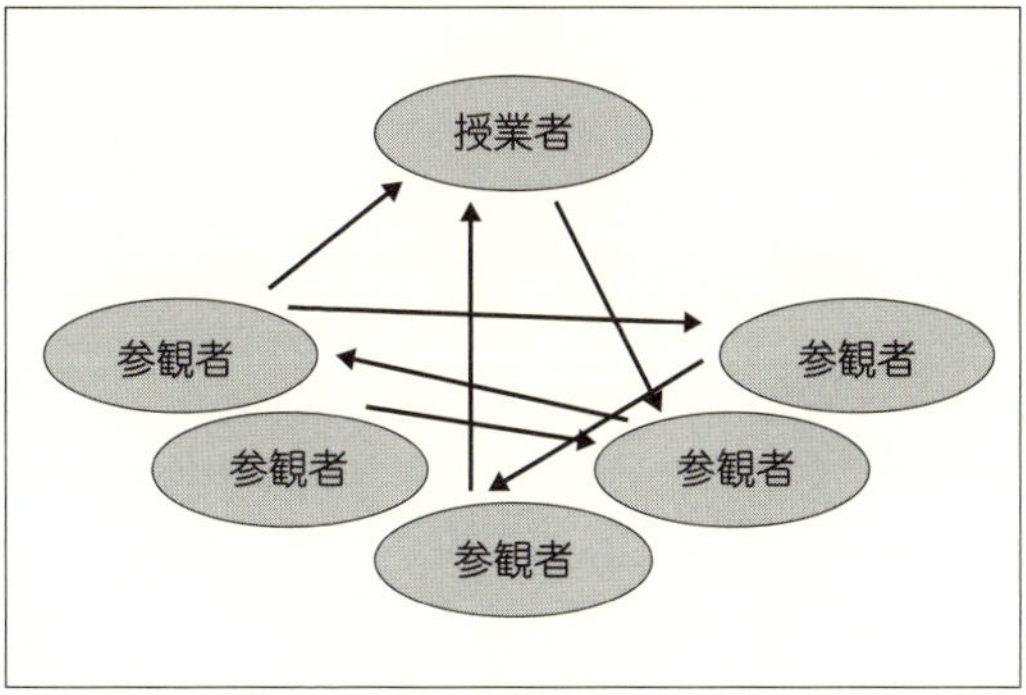

図11　ピンボール発話のモデル

参観者の質問に対して、授業者が応えるのでなく、別の参観者が応え、それを受けてさらに別の参観者が

質問する。すると、その答えはさらに別の参観者が行うという姿が見られました。まるでピンポールのように話者が次々と展開するこの会話の構造を私たちは「ピンポール発話」と名づけました。

このスタイルの授業研究会では、特定の誰かが質問に答えなくてはいけないという責任を負うことがありません。授業者がその授業の責任者として協議会に参加するのではなく、みんなで考えた手立て等について「授業担当」として位置づけられるのです。逆に言えば、みんなが責任を負っているので、参加者も無責任に批判することもできません。こうした構造の会話が増えるにつれて、協議会でのディスカッションは活発になり、年齢や経験に関係なく発言する姿が見られました。それどころか、授業研究会の協議題に迫る発話も増えていくこともわかってきたのです[*9]。こうした研究授業のあとは、職員室の雰囲気がとても明るくなり、「こうした研究授業ならまたやりたい！」という声が聞かれるようになっていきました。まずは、「ピンポール発話のモデル図」を先生方に示して、

「こういう会話になるような授業研究にしてみませんか？」

と投げかけてみませんか？　きっと、それだけでも授業研究は変わってくるはずです。

＊9　小林克樹「校内研修における教師の専門職化フォーラムの共同が研修意欲に与える効果に関する事例研究」『教育実践研究』第23集、上越教育大学学校教育実践研究センター、2013、pp. 301-306.

一つひとつの授業をつなげる

授業研究会を「Ｗｅスタイル研修」にできたら、次は一つひとつの授業をつなげてみてはいかがでしょうか？　九月の授業で明らかになったことを一〇月の授業で生かしていくのです。もちろん、九月の授業で実践した手立てに期待通りの効果を得られなかったときには、修正案を考えて一〇月に実践してみる、といった感じで。これは本章で紹介した村松小学校の皆川孝校長先生（当時）が新発田市立五十公野小学校に移られてからも共同で研究したものです。

きっかけは二年生国語『スイミー』の授業でした。

「『みんなが一ぴきのおおきな魚みたいに泳げるようになった』とき、スイミーはどこにいたのかな？」

という先生の問いかけに対して、はじめのうちは大半の子が「おおきな魚の目の位置にいる」と考えているのに対して、一人の子が、

「赤い魚の外側にいる」

と発話したのをきっかけに、子どもたちの中から、

「スイミーは赤い魚の内側にいるのか、外側にいるのか？」

という課題が生まれ、話し合いが活性化していったのです。

先生方は、この授業から「二者択一型の課題が話し合いを活性化させるのではないか?」というテーマを見つけ、次の授業で検証していきました。その成果は、上の写真のような美しい装丁の研究紀要にまとめられ、『学び合い』フォーラム等でも紹介されました。

ちなみに、第二弾で紹介した「国語の授業での課題づくり」[*10]も、こうした共同研究から生まれた成果です。

私は、一つの授業をもとに次の授業での手立てを先生方がみんな一緒に考えていく姿に感動し、仲間に入れていただいて四年間一緒に共同研究しました。こうした取り組みが続けられたのは、大学にいる私と学校現場でいる先生方や子どもたちが、同じ目標に向かって協働し、成果も共有する関係＝Ｗｅな関係を築くことができたからだと感謝しています。

＊10　水落芳明・阿部隆幸編著『だから、この『学び合い』は成功する！』学事出版、2015、pp. 19-23.

複数の教師が教室の中で会話する「ぷらっと授業参観」で『学び合い』が促進する

髙島　純（新潟県新潟市立濁川小学校）

はじめに

授業中、ふと教室の後ろを見渡すと、自校の校長先生や教頭先生といった管理職の先生が参観されていたということはありませんか。

私は若いとき、この光景がものすごく嫌でした。

「私のいたらない指導を見に来たのでしょうか？」

「落ち着かない子どもたちの様子を見に来たのでしょうか？」

このように否定的な問題点ばかり見られているのではないかと、とても気になっていたのです。管理職もきっと言いたいこともあったのだと思いますが、十分に意見や感想をいただける時間をなかなかとっていただけなかった、というのが当時の状況でした。

あるとき、教室から出て行こうとした管理職の先生に、意を決して聞いてみました。

今日の課題
エーッと…
よくわからないなあ…
シーン！
ぺちゃクチャ
Zzz
校長先生
先生、何か不安そうだニャー
猫のマックス

イラスト：坂井邦晃

「何か、問題がありましたか？」

すると、きょとんとした表情で、

「そうか、そういう目で見られていたんだな。全然、そんなことないよ。子どもたちも頑張っているし、先生の話もわかりやすいよ。でも、私も気をつけないといけないいな」

当時の管理職の先生からの思わぬ肯定的な一言でびっくりしたものでした。

管理職による授業参観（校内巡視）の現状

ほとんどの管理職は、授業者や子どもたちが頑張っている様子を観察し、その事実を根拠に好意的に評価しようとしていることは事実です。「授業を見られる」ということは教師の成長にとって有意義なことは言うまでもありません。管理職が教室に出没したら「ラッキー」と考えてほしいことも事実です。

しかし、管理職は実際にはそんなに多くのクラスや学習の詳細についてまで参観することはできません。本来であれば、すべてのクラスのすべての子どもたちの学習の様子を知りたいところなのですが、物理的に不可能です。また、管理職が、授業成立が困難なクラスの支援に多くの時間を費やすこともありますが、このことで担任教師に不必要な動揺を与え、自己肯定感を低くさせ、自信を失わせてはいないだろうか、という不安があることも事実です。

私自身、担任の先生方に上述の不安を与えないように、子どもたちの肯定的な側面を中心に参観していますが、限界があることは否めません。そんな思いも重ねながら授業参観をしているのが現状です。

授業参観（校内巡視）で思うこと

毎日、少しでもいいからと思い、授業参観をしていると感じることがあります。それは、**個々の先生方の授業から私自身が学ぶことが実に多い**ということです。専門性に優れた教科のエキスパートがいたり、ＩＴ機器の名手がいたり、子ども同士の人間関係を築かせるのが上手い方がいたりなどするわけです。そんなとき、思うことが二つあります。

まず、一つ目は「自分だけが先生方から学んでいいのかな」ということ。二つ目は授業を通して「普段先生方が考えていることを直接聞きたい」ということです。私は、可能な限り授業についての会話を心がけているのですが、放課後の時間は余りに少ないです。先生方にとって放課後は、貴重な時間なのです。

みんなで「ぷらっと参観」

日常的な授業参観から学ぶことは膨大です。私自身、前々から日常的に他の先生方の授業、子どもたちの学びが参観できる校内体制が大切だと考えてきました。このことは多くの学校でも推進されているようですし、また教育委員会等の行政からも奨励されていますが、日常化できるかどうかということについては難しいのが現状ではないでしょうか。授業以外にも多大な業務があることや、何よりも教室を空けることへの不安、あるいは不謹慎さを感じることもあるかもしれません。

さて、ここからは教師同士の日常的な「ぷらっと参観」の提案です。

この授業参観では一般的な授業研究のように、教師の授業を無言でじっくりと観察し、あとで意見交換を行うというようなことは考えません。子どもたちの学習の様子をもとにリアルタイムで教師同士が会話をするのです。ときには担任以外のいろいろな先生がリアルタイムで子どもたちに声かけしながら指導したり評価したりもします。教室の中には日常的に担任以外の先生が行き来する状態です。

子どもたちもだんだんとさまざまな先生たちの名前を覚えていき、授業中担任以外の先生との会話も増えていきます。では、なぜ、このような「ぷらっと参観」が効果的なのでしょうか。

まず、子どもたちにとっての効果について述べます。

同じ学習現象を参観した場合でも授業の見方は教師一人ひとり、さまざまです。ある教師は、教科の専門性の観点から、コミュニケーション能力の観点から、以前そのクラスを担任したことがある教師なら、その子の性格や学習履歴の観点から評価できることもあります。つまり、**より多くの人にさまざまな観点から肯定的な評価を受けることで、学習意欲、自己肯定感が高まり、継続的に繰り返すことで学力も向上する**のです。

次に、教師にとっての効果です。

事実にもとづいた授業中の学習について、**教師同士で会話を繰り返すことで、評価の観点がより深まります。**同じ学習現象、例えば学習における活動、ノートの記述等も多様な視点から学べるということです。さらに、授業中、担任が直接見たり聞いたりすることができなかったことについても他の教師から知らせてもらうことができるのです。教師にとって子どもをほめる内容が増えるのです。

つまり、「ぷらっと参観」は**子どもにとっても教師にとってもメリットがある**のです。

「ぷらっと参観」が有効な『学び合い』

『学び合い』では、学習が可視化されます。ですから、教師同士が「ぷらっと参観」で意見交換したり協働支援したりするにはもってこいです。当校では校内研修で『学び合い』を数年間行い、継続中です。私たち教員は異動がつきものですので、新しく転入してきた先生方の中には『学び合い』について知らない方も当然いらっしゃいます。しかし、子どもたちは長くて四年間経験してきているのです。「継続は力なり」といいますが、『学び合い』についてまったく知らなかった先生方も、最初の一歩を踏みだせば子どもたち自身でできるのです。

『学び合い』では特に自由交流中、活動が複雑で多様なために、一人ひとりを見取ることは困難です。研究の分野でもさまざまに議論されてきていますが、子どもの理解の過程は実に複雑です。子どもたちの学習の様子を観察していますと、わかった瞬間、「あっ、そうか」とひらめきを思わせる言葉をよく言います。

実際、子どもたち同士のどのような説明が理解のために効果的であったのか、よく聞いてみますと、その子の能力、性格をはじめ、自然な感じで寄り添って説明していることが見取れました。私たち教師は当然、クラス全員の学習の様相を見取ることはできません。

ですから、このような光景に出会ったらその時間内に、授業者である担任に、そこで起こった学習の事実をもとに、学習効果に関する考えを伝えたり、反対に担任から聞いたりすることが習慣化されるといいなと考えています。

また、学習の交流中に子どもが孤立していたり、遊んでいたりすることがあります。そんなとき、第三者から参観されることは授業者にとって心苦しいものです。『学び合い』を実践している多くの方は経験していますし、他ならぬ私もそうでした。しかし、子どもも人の子です。ときには気を抜きたいこともあります。これらのことは、よくある想定の範囲であることを踏まえ、「困っている友だちがいるみたいだけど大丈夫かな?」、「手を抜いている友だちをほっておいていいのでしょうか」等、あえて**担任以外の教師が可視化を促したり、直接言ってみせたりすることも有効**です。協働で授業をしているような感覚になることも少なくないでしょう。『学び合い』を日々継続してさえいれば、教師同士の授業参観は十分に可能であり安心して推進できるのです。それは、『学び合い』で子どもに任せる時間が増えれば、その時間に教師同士が教室を行き来することができるからです。

まずは隣同士のクラスで授業中、それぞれの担任が行ったり来たりすることから始めてもいいかもしれません。蛇足ですが、この時間を活用して、校務上の簡単な打ち合わせ等もできるのです。勤務時間の内外を問わず、自分の時間、他人の時間、いずれも有限です。時間感覚は大切にしたいですね。当校では、年度当初に新入・転入職員対象に、前年度在任の教師が『学び合い』の授業を公開しています。また、あえて公開しなくても中には観たいときは「いつでもどうぞ」という教師もいます。その場合、指導案はありません。

従来の「授業研究」は、入念な教材の用意、練りに練った指導案、用意周到な板書計画、掲示物等、そこにかけるエネルギーは並大抵ではなく膨大です。年に数回は指導案作成のフォーマルな公開授業も必要かもしれませんが、毎日できる指導案のないインフォーマルな公開授業、つまり教師同士の「ぷらっと参観」は特に効果的だと考えています。

おわりに

担任時代、『学び合い』に価値を見いだし積極的に行ってきました。経験則ではありますが、子ども同士の説明の効果は実感していましたし、子ども同士の協働性の育成も大切に感じていました。内地留学によって上越教育大学大学院で学んだ認知研究とも重なり学術的にも信頼性が確信できたこともあり、私としては迷うことなく『学び合い』を実践することができました。ただ、担任時代に『学び合い』を管理職、あるいは保護者の方が参観する中で、誤解を招くかもしれない、と不安があったことも否めません。

そんな中、校内研修を通して『学び合い』を取り入れ、現在に至るまで数年間継続することができたのは大きかったとあらためて実感しています。現在では『学び合い』は当校の教育ビジョンの大きな核となっています。

また、『学び合い』に意義を見いだした先生方は転勤した先でも積極的に『学び合い』を行い、学力向上・学級経営等で大きな効果をあげています。**『学び合い』は、子どもも教師も毎日学び続けることができる優れた協同学習の一つです。**

正に「継続は力なり」です。

C
B
A
ヤッタネ
ワーイ
オッ!!
イイネ!
ワイワイ
ガヤガヤ
スゴイ!
授業が楽しいよ!
ステキ…
子どもも、先生も
楽しそうだニャ!

イラスト：坂井邦晃

【鼎談】管理職から広げる『学び合い』の考え方

成功し続ける『学び合い』の秘訣とは

水落　髙島先生の勤める濁川小学校（新潟県新潟市立濁川小学校）は、もう五年間、『学び合い』をしていますよね。「成功し続ける秘訣のようなものを一言で言ってください」と聞かれたら、どんなことが出てきますか。

髙島　それはやはり、子どもの力ですよ。

水落　あれ？　その答えって、以前、私に話してくれたことと違うのですが……。

水落・阿部・髙島　（爆笑）

水落　以前は、無理しないことが大事って言っていたじゃないですか（笑）。

髙島　ああっ、それですね、はいはい。それ大事！　それ大事！（笑）。

阿部　え？　無理しないことですか（笑）。何を無理しないんですか。

髙島　無理しないというのは、校内研修では、「みんながやる」というようになっていますが、それを強制しないということです。

阿部　なるほど。
髙島　個々に応じたレベル、個々に応じた『学び合い』をやってもらえばいいという感覚でいます。
水落　その「無理しない」という言葉、つまり、「○○しない」という言葉って、目標としては機能しにくいということを聞きますが。
阿部　管理とかルールとかであって、目標ではないということを聞きますね。
水落　校内研修を進めていくときに、無理しないというのはどういうふうにとらえればいいのでしょうね。
髙島　例えば、年間の回数だとかですかね。
阿部　しかし、無理しないは、表の目標というわけではないですよね。裏側のみんなで共有している目標といいますか、合意みたいなものですよね。
水落　それはそうですね。
髙島　『学び合い』に取り組むと、なにかいいことある感じだね、ということですね。
水落　例えば、研修テーマ等を決めるとき、みんなで共通理解した言葉や合言葉になるわけですね。

髙島　はい。

『学び合い』を校内に取り入れていく最初の一歩はどうしたのか

水落　少し突っ込んで聞いていきたいのですが、『学び合い』をどのように導入していったのですか。
髙島　校内研修をやるときにまず、「毎日できるものにしましょう」というところから始めました。
水落　それはどういう意味ですか。
髙島　年に一回だけ、教材研究をびっちり行って授業を行ったとします。しかし、その先生が頑張ったことはわかりますが、その結果、先生自身が疲れ切ってしまい、反動としてその後の授業にマイナス面の影響を与えがちなことも少なくありません。とにかく無理しないで毎日できることにしましょうということが一つです。
水落　なるほど。他にもありますか。
髙島　二つ目は、せっかくやるんだったら、子どもも教師も成長を実感できる、「あぁ、やってよかったなぁ」と感じてもらうことですね。三つ目は、教科の専門性や経験の多い少ないにあまり左右されないようなものにしましょうということです。

阿部　なるほど。

髙島　要するに算数が得意な人が幅をきかせるとかベテランが幅をきかせるとかそういうものではなくて、ある程度みんなができるものにしましょうということ、その三つです。

水落　そこまでいったら、私たちのような『学び合い』という結論が見えている人にとっては、「あっ、それは『学び合い』のことを言っているな」という感じがしますが、『学び合い』を知らない、聞いたことがない人にとっては、それって文句の付けようがないものですよね。

髙島　授業ってよく料理に例えるじゃないですか。教材が素材、レシピが指導案、などですよね。会席料理とか宮廷料理を目指すのではなくて、毎日の弁当を目指そうと、どれだけよい弁当を、毎日食べる弁当を、とそういう感じですかね。

水落　大島さん（第二弾執筆者）が前に言っていましたね。「味噌汁ご飯授業」。

阿部　あっ、野中信行さんですよね。まぁ、野中さんが言われている「味噌汁ご飯授業」[*11]は『学び合い』とは意味合いが違いますけどね。

水落　日常的にできるというところが共通なんですね。

＊11　野中信行編著『日々のクラスが豊かになる「味噌汁・ご飯」授業　国語科編』明治図書、2014年参照

髙島　校内研修だとそれを引っ張っていく人が幅をきかせてしまうじゃないですか。周りもそれなりにやっていきますが、他の方は、余り実感をもてないということになってしまう。力のある人、もしくはカリスマ、例えば算数のカリスマがいたとしたら、算数が校内の研究教科になったり、国語の大家がいると国語が研究テーマになったりしますよね。

大学の研究を活用して現場に浸透させる

水落　そこまでの流れの中では、誰からも文句が出なさそうですね、それで、このタイミングで『学び合い』という言葉を出したわけですか。
髙島　そうですね。さあ『学び合い』をやるぞというときに、水落さんを利用したんです。つまり、「権威」をちょっと利用させてもらいました（笑）。
阿部　ほうっ、利用されたわけですね、水落さん（笑）。
水落　そういえば、行きました、行きました！
髙島　例えば、一研究主任がこれを言っても、なんぞやということになるじゃないですか。でも、大学の教授が「やりましょう」と言うとですね、それを聞いたときに、はまる教員がいるんですよ。それで、はまった教員が核になって、初年度に『学び合い』を育ててくれたわけです。そのはまった教員が皆、福島の『学び合い』フォーラム（二〇一三年八月開催）に行きました。そのとき、本校での実践の核になっていた人たちですね。

水落　子どもたちがね、ガーッって変わっていったんですよね。二月に招かれて濁川小学校に行ったときは、最初、校長先生は半信半疑の様子でした。そこで校長先生に理科の『学び合い』を紹介したんです。そうしたら、これはおもしろいと言ってくださって、「この人（水落）に校内研修に来てもらおうよ」ということになり、「六月くらいでいいかなぁ」という話になったわけです。そこで、私が「待ってください。もし本気でやるとしたら、四月の子どもたちが来る前に聞いていただきたい話があります」と言ったんです。そしたら、四月五日に無理矢理研修をねじ込んでくれました（笑）。でも、新しく赴任してきた先生なんて……ねぇ。

阿部　めちゃくちゃ忙しいときですからね。

水落　びっくりしますよね。でも、その時期にやらせてもらって、第一弾に書いた「学級目標」の話のようなことをしたわけです。それで、「次にまた五月に来て授業づくりの話をしますから、そのときには各クラスの学級目標がどんなふうに決まってどんな目標になったのか聞かせてください」って評価方法や基準のようなことを言って帰りました。そして、五月に訪ねていったら、「せっかく来るんだったら授業を見ていってくださいよ」ということになって、授業を見せてもらったら、子どもたちががらっと変わっていました。

阿部　すごい！

髙島　そういう教員が当時校内にたくさんいたんですよ。それで先ほどの核になった先生たちが引っ張っていってくれて、それに追随する先生がいて、という形ですね。

阿部　「次に来るときまでに、ここまでしておいてください」って言っておく水落さんは強気といいますか、さすがといいますか、すごいですね。

水落　何を目指しているのかを伝えるのでしたら、次に来るときまでにそれをやっていてほしいというのが目標設定といいますか、責任を一緒に背負ってもらうには一番いいわけです。

阿部　最初から継続してかかわるように頼まれていたのですか。

水落　いいえ、違います。四月は継続して濁川小学校とかかわっていくかどうかのお試しということで訪問しました。そして、その後の先生方の反応を見た校長先生から、「継続してかかわってください」という依頼をいただいたわけです。

『学び合い』学習の発展、そして継承

水落　まぁ、そういうことで濁川小学校での『学び合い』学習が始まったわけですね。創世記はそれでいいです。動き出しのことはなんとなく伝わったように思います。そこでスピードを維持し続ける、加速し続ける工夫が必要だったと思うのですが、そこで考えたことはありますか。

髙島　転機になったのは、阿部さんから声がかかった福島での『学び合い』フォーラムですね。当時、水落さんから推薦があったのでという形で阿部さんからメールをもらったときには、ドキッとしました。私自身、これといった目立った実践もなかったですし、どうしていいかわからなかったので、当時の濁川小学校で共に『学び合い』を頑張ってきたメンバーをみんな連れて行こうということになったんです。

水落　外の人たちに「私たちこんなことをやっているよ」と発表してきたことで、何か学校の中でよい変化がありましたか。

髙島　学校の中で……（考え込む）。

水落　学校の中って、とかく、クローズしているという感じがあるんですよね。理屈をこねくり回して、言葉遊びが始まって、ぐるぐる同じ所を回っている気がするんです。それ

で、やったことにする、達成感を感じるみたいなね。そこで、外部の人たちに発表すると、何ができたか、どうアウトプットできたかというところに視点が行きそうに思うのですが、どうですか。私たち研究の分野でもつねにアウトプットする、つまり、論文を出したり学会発表したりして、研究が進んでいくということがあります。校内研修の中で、やったことにする、終わったことにする、最後に研究紀要を出して終わりということにするということでしたら、もう言葉遊びといいますかね、堂々巡りですよね。外とつながっているというのと違いますよね。

髙島　福島に行った仲間は、『学び合い』はいいものなので、発信しようという気持ちが起きてきていました。その後もあちこちで発表しています。

水落　先生って、転勤がありますが、異動した先での影響って何かありますか。

髙島　濁川小学校で『学び合い』をされていた先生が転勤先の学校で、同じように『学び合い』をしていると聞くことは普通にあります。とてもうれしいことです。

阿部　その中の一人の先生の学校を先日、訪問させてもらいました。赴任したばかりで一ヶ月しか経っていないというのに『学び合い』授業全開でした。

髙島　行ってすぐの学校で『学び合い』がさっと展開できるのはすごいですよね。『学び合い』が世に提案された最初の頃は、『学び合い』授業が定着するまでには三ヶ月くらいかかるというようなことが書かれていましたから。

水落　最近は、精度が上がって、一ヶ月くらいでできる人もいますね。

阿部　そこで心配なのは、『学び合い』に戸惑いを見せている先生方から浮いてしまわないかということです。私自身、事後検討会でその方の授業をほめちぎりすぎてしまったなと反省し、校長室に戻る途中、校長先生に、「私、少し授業者を持ち上げすぎました。あの先生が浮いた感じになるとまずいですね、すぐにこんな感じにできなくていいですし、したいと思わなくてもいいですし、別な迫り方もあるということを話す機会を設けてもらえるとうれしいです」という話をしました。

水落　校長先生と外部から来た指導者とWeな話ができるのがすごいですよね。目標を共有して、責任と成果も共有しているからこそ、できる会話じゃないですか。しかも、高島さんがいった、専門家をつくらない、大家をつくらない、大御所をつくらないという感じかな。今、阿部さんが言った校長先生とWeな関係になり、大御所をつくらないようにするという内輪の話ができるということが成功し続けていくには重要かなと思いますね。

髙島　その学校で阿部さんが飛び込み授業をしていますよね。そのとき思ったのは、『学び合い』ができそうな学級ではないところでやってほしかったというところはありますね。

水落　手堅くいっちゃいましたか。阿部さんが授業をやって、失敗をするから美しいってこともありますよね？

阿部　失敗ですかぁ……まぁ、おもしろいですよね。恥ずかしいですけど。

水落　私たちは、技術論ではなく考え方ですから。子どもたちとインタラクティブにやっていくわけですからね。そんな一朝一夕にうまくはできませんよ。でも、「だから、私はこう思います。だから次はこういうことを考えてやってください」ということになれば、美しいわけです。私、濁川小学校では毎年、出前授業をやってきましたが、結構三振続きなんですよ。ヒットをうまく打ててないんです。でも堂々とやっていますよ（笑）。

阿部　失敗を堂々とできるというのはいいかもしれませんよね。まぁ、自分のＨＰに書きましたが、私たち『学び合い』を研究し推進する人が出前授業をするのは、うまくできてもできなくても、余りいい影響がないように私は思っています。よかったらよかったで、理論を学んでプロフェッショナルなんだから当たり前だよねということになりますし、うまくいかなかったら、うわっ、こんなきれいなかっこいいことを書いているのに、ちゃんとできないじゃないかダメだねぇ……とね。要らぬ揚げ足をとられそうで。でも、そうではなくて、毎日行っている『学び合い』の一コマなんですよって強調したいわけです。

継続は力なり！

水落　最初に聞いたときに、「子どもたちの力ってすごい」という発言がありましたよね。

髙島　はい。それはやはり、継続ということですね。例えば、今年（二〇一六年）で五年目になります。転勤して、教員は入れ替わり立ち替わりしますが、子どもたちは残ります。子どもの体に染みついているわけですね。

阿部　文化になっているということですか。

髙島　はい。一つの文化になっていると言ってもいいですね。子どもたちは、六年間過ごす中で『学び合い』に熱心な先生と過ごすときもありますし、そうではない先生と過ごすときもあるわけです。そうすると、『学び合い』を学校が長く続けることで、『学び合い』がいいなと思っている先生と出会う確率はかなり高くなります。私も学級担任が出張等で代わりに自習監督や補強授業で教室に入るときがありますが、『学び合い』を普段からやっている学級は楽ですね。

周辺を巻き込んでWeに！

阿部　子どもたちは家に帰って話すこともあるでしょうし、今の世の中、保護者にいかにして伝えていくかということは、大切なことだと思うのですが、この辺の対応はどのようにしているのですか。

髙島　水落さんに講演してもらいましたよね。

阿部　誰に向けてですか？

水落　保護者に直接です。

髙島　授業参観で三時間目に全授業を『学び合い』で公開して、四時間目は保護者対象に「この授業はこういう理論でやりました」ということを水落さんが講演で話すということを二年続けてやりました。

水落　そのときに大学から院生、ゼミ生をバスで連れていって、保護者からの疑問を院生、ゼミ生に答えてもらったわけです。「私より上手に答えるゼミ生を今日連れてきていますから、彼らが答えます。ゼミ生の皆さん、立ってください。よろしくお願いします」という感じでしたね。私はグルグル体育館を回って、ゼミ生が答えている様子を頼もしそうに見ていました。私が伝えるより、うまく伝えるんですよ。まさにゲートキーパー（悩んでいる人に気づき、声をかけ、話を聞いて、必要な支援につなげ、見守る）でした。

阿部　保護者に浸透しているわけですね。

髙島　そうなれば学校独自の教育ビジョンや教育計画のようなものに、バーンと出せます。

水落　保護者の中にも疑問を感じている人はいますよね。ですが、『学び合い』ってこういうことなのかとなるわけですよ。周りの人たちが納得している姿を見るということが大きかったですよね。

髙島　そうですね。

水落　料亭で、この味なんだ？　変わった味だなと思っても周りの人が「うまい！」と言えば、これが本場の味なんだと思うわけですよ。

阿部　周りに肯定的な人がいるということは本当に大きいですよね。

髙島　子どもたちのアンケートに関しても、学習意欲に対しても、ものすごく高いんですよ。結果を出していたから言えたということもありますよね。

阿部　結局、何年か続けていても、一生懸命やっていた先生がいなくなってしまうと消失するという話はよく聞く話ですが。

髙島　濁川小学校はそれが微妙に微妙にリレーしていったんですよね。校長先生が三人変わっても受け継いでくれているんです。

水落　最初の校長先生が次の校長先生に引き継ぐときに「これは濁川の生命線だ」と言ってくださったんですよ。そして次の校長先生も続けてくださった。先生方が楽しそうに『学び合い』を続けてくれたからこその校長先生の判断だったみたいです。

阿部　すごい！

水落　管理職の先生がやりましょうといって、保護者に説明して、教育委員会に対応してくださるのは『学び合い』を教室で進めていく先生方にとってはとても心強いと思います。

髙島　先生方と子どもたちは、国語や算数、体育のような教科だけでなく、日常生活でも目標を共有し、そこに向かって協力していく姿が当たり前になってきていてうれしいです。

水落　管理職も、教員も、子どもたちも、保護者も教育委員会もＷｅという感じですね。

第四章

町全体で『学び合い』に取り組み、つながる

水落芳明（上越教育大学教職大学院）

福島県石川町との出会いと道のり

「また今度！」から「いつ？」へ

いろいろな場所へ出かけ、さまざまな人たちに出会います。中には話が弾んで「また会いましょう！」とか「今度飲みに行きましょう！」なんて感じに盛り上がる。こういうことよくありますよね。でも、たいていは実現しない。「また」と「今度」はやってこないのが一般的です。

「こちらとしては結構乗り気だったのに……」

「スケジュール空けて待っていたんだけどな……」

「先方は本気ではなかったんだな……」

と寂しい思いをすることもあります。そんな思いをしたくないので相手が本気かどうかいつまでも気にしなくていいように次のように話をすることにしています。

「じゃ、いつにしますか?」

するると、本気ではなく社交辞令的なあいさつだった相手は、

「そうですね……。実現できるといいですね……」

とはぐらかします。相手が本気でないのですから、こちらとしても
「そうですね。お忙しいですもんね!」

と笑顔で応え、それきりになります。しかし、相手が本気の場合は、すぐに手帳を出したり、スケジュールを確認したりして、

「〇日あたりいかがですか?」

と返ってきます。予定を確定できない場合も、

「予定を確認して〇日までに連絡差し上げます」

ということになります。石川町とのお付き合いもそんな出会いから始まりました。

初対面

出会いは平成二四年一〇月。栃木県大田原市の小学校でした。校内研修の講師に招かれていた学校に、石川町教育委員会の皆さんが視察にいらしていたのです。午前中しか時間

がないが、可能なら午後に予定していた講演を短縮版にアレンジして聞かせてもらえないか？　という依頼がありました。予定にないことでしたが、日頃からゼミ生たちには、

「頼まれごとは試されごと。即応力で対応できたら格好いいよね！」

と言っていたこともあり、大急ぎで短縮版のプレゼンをつくり、お話しました。プレゼンが終わると指導主事の渡邉良一先生がおっしゃいました。

「素晴らしい講演でした。ぜひ今度うちの町の講演会においでいただきたいです」

それを聞き私は、とりあえずはお話ししてよかったな、と思いながら、

「ありがとうございます。それは光栄です」

と応えました。そして、ここまでにしようかな、とも迷いましたが、とても熱心にメモをとりながら聞いてくださる様子がうれしかったので、

「その講演会というのは毎年やってるんですか？　次はいつですか？」

と尋ねてみました。すると、

「はい。毎年開催しています。来年は六月を予定しています」

と私の目をまっすぐに見ながら返事が返ってきたのです。プレゼンを聞いているときの様子や私に話しかける様子が単なる社交辞令には見えなかったので、

「来年の六月ですか。それならまだ予定は空いています。もし、本当にご検討されるなら今年度中にご連絡ください」と伝え、その日はお別れしました。

賢い人は人を信じる傾向が強い

約束通り、年度内に連絡をいただき、翌年の六月に石川町を訪ねました。町を案内いただく途中に見える景色はとても美しく、特に川の両岸に続く桜並木が印象的でした。宿泊予定の母畑温泉に到着すると、すぐに田口和憲教育長がごあいさつにいらっしゃいました。教育長が懇親会場にお見えになる、というのは経験がなかったので緊張しましたが、

「ようこそ福島へいらっしゃいました！」

と手を差し出す笑顔は、こちらの緊張をほぐしてくれる力があり、その後の懇親会ではすっかりと打ち解けて、本音と本音の教育談義となりました。不思議とこの人と本気で付き合ってみよう、と思わせる出会いでした。

こんなときには「賢い人は人を信じる傾向が強い」という話を思い出します。

人は相手を信じて付き合ってみなければ、その人が信頼に応えてくれる人なのか、裏切る人なのか確かめることができない。賢い人間は、人を信じて付き合い、信頼に応えられ

たり、裏切られたりする経験を繰り返す中で、人を見る目を養っていく、という話です。これは、『学び合い』の重要さを示す話としてよく学生たちにも話しています。

子どもたちは、日々の授業の中でクラスメイトと交流し学び合う中でこそ、人を見る目が育っていく。助けが欲しいとき、誰に助けを求めたらいいのか、どのような状況の相手に、どのように手をさしのべれば、上手に学び合うことができるのかを日々の学習の中で学ぶことができる。それが『学び合い』だと。

○○ちゃんは、
最後まで丁寧に
教えてくれるから、
○○ちゃんの所に
行こうかな。
授業を通して人を見る目が育っていく

人は見た目による

本音の話し合いを通して、私は石川町教育委員会の皆さんとすっかり「Ｗｅな関係」になりました。つまり「目標を共有し、協働することで成果も共有する関係」になったのです。石川町の子どもたちをどう育てていくのか、研究授業はどのように進めていくのか、熱く語り合った私たちは、翌日の午前には石川小学校の教室に立っていました。同じ志を感じたことで、一回の講演会で終わらせてはもったいない、実際の授業を見て継続的なお付き合いをしましょう、ということになったのです。

そうは言っても、突然授業を参観されるのは、先生にとって迷惑な話です。ついつい勢いで話が進んでしまったものの、授業をする先生は怒っているだろうな……と心配しながら教室へ向かいました。しかし、担任の先生は笑顔で待っていてくださったのです。それも指導案まで用意して。

「今朝いらっしゃると聞いたもので、今つくった略案ですが……」

と爽やかに話をされる先生の様子に、私の心配は吹っ飛びました。この出会いで歓迎されているのをはっきりと感じたからです。私は、さまざまな学校へ伺い、多くの教室にお邪魔します。その中には、一度も私と目を合わせてくれない先生もいます。

「仕方ないから授業するけど、あなたが来るのは迷惑です」

という無言の訴えを感じ、アウェーな気分になることも少なくありません。しかし、このときはまるでその逆。初対面なのにホームな気分で教室へ入れていただきました。

そういった先生のクラスだからでしょう、子どもたちも私の方をうれしそうに見て、新しい出会いに対する期待をあふれさせていました。この子たちにとって大人は「幸せを運んでくれる存在」なのだと感じ、この期待を裏切るわけにはいかない、なんとかして期待に応えたいと思いました。

そこで参観した授業は、『学び合い』とは異なるスタイルではありましたが、子どもたちを惹き付けていくテンポのいい展開、すっきりとまとめられていく美しい板書、相当な腕前の先生であると感じました。正直、『学び合い』に取り組まなくても、心配な状況にはならないと感じました。

ゲートキーパーの存在

『学び合い』に新たに取り組む際、実はこういう状況が一番大変です。授業がうまくいかない教室を建て直す、というのなら、担任の先生は比較的簡単に『学び合い』に移行してくれます。すぐに効果も感じてもらえますし、「藁をもつかむ」思いで、『学び合い』を実践してくれるのです。しかし、すでに、腕の立つ先生がうまくいっているクラスで『学び合い』に移行するのは簡単ではありません。『学び合い』を理解して、良さを感じて実践していただくためには、工夫が必要でした。

そんなとき、力を発揮したのも「Ｗｅな関係」でした。翌年（平成二六年）から「石川町教育アドバイザー」という辞令をいただき、正式に町のメンバーになれたこともあり、うまくいかないこと、やってみたいこと、思いついたことを日頃から相談し、石川町へ行くたびにアイデアを出し合いました。特に、その年に町の指導主事として赴任した大野勝彦先生とは、いつも話し合いながら歩んでいます。私以上に、私の考えることをわかっていると感じることさえあります。

例えば、授業研究会で私がコメントすると、第一弾、第二弾を開き、付箋を貼りながら話を聞いてくれます。そして、私が話し終わったあとに、

「今の話に関連するところに付箋を貼っておきました。読み直してみてください」

と先生方に声をかけてくれます。それだけでなく、第一弾、第二弾の関連部分を、そのときそのときの先生方の具体的状況に合わせて要約して、学校にお便りしてくれるのです。私はそれを読みながら、自分の伝えたいことやその意味を再認識していました。

これは、情報伝達を効率的に進める上で非常に重要です。日々の日常生活のなかで知識が伝達されるときには、三つの階層構造が成り立つからです[*12*13]。三つの階層構造には、ある分野の専門家であるbrain、その分野に関して初心者であるend user、そしてbrainとend userの間に位置してbrainの専門的で難解な説明や考えをわかりやすくend user

＊12　野島久雄「コンピュータ利用場面における他者の役割」、人工知能学会研究会資料 SIG-F/H/K-9001-9(12/6)、1990、pp. 77-86.

に伝えたり、end user がよく理解できずに困っている点を要約して brain に話したりする gatekeeper です。この階層構造は自然発生的に生まれるもので、ケータイ電話などのＩＣＴ機器を購入した際にもよく見られます。操作がわからないときに、取扱説明書を読むよりも、同じ機種を使う友達の説明の方がわかりやすい、という感じです。これは『学び合い』研究の初期段階でよく引用した研究で、授業で先生が行う説明よりも、周りの友達に聞いた方がわかりやすい、という例と同じ構造です。

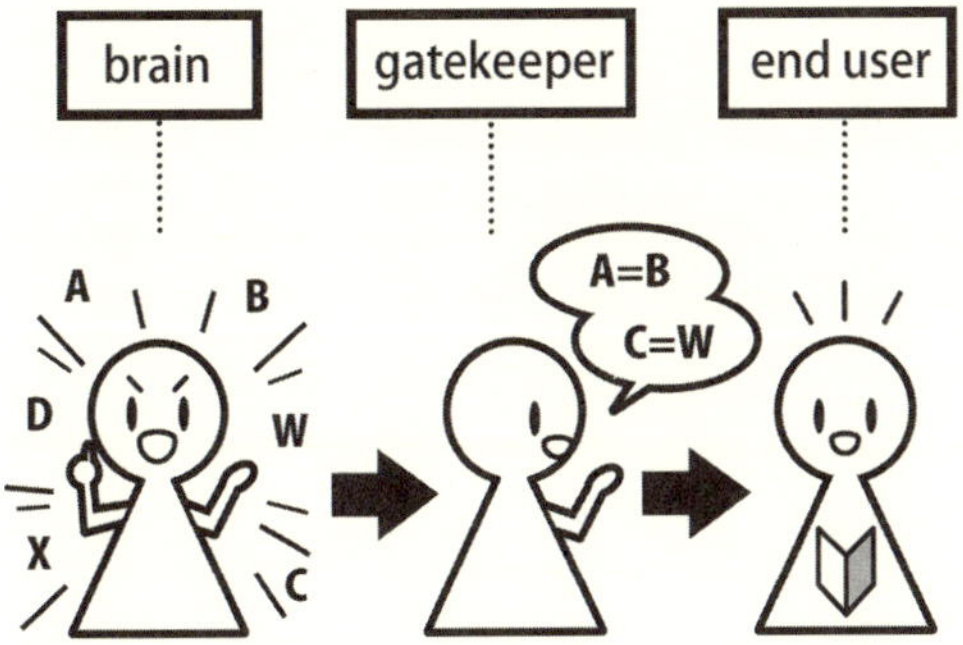

専門家（brain）と初心者（end user）の間にたつ門番（gatekeeper）役が重要

石川町では、大野先生が gatekeeper の役割を見事に果たしてくれました。そしてそれだけでなく、そのときそのときの状況をしっかりと分析して、次に必要な一手を一緒に考えてくれました。昨年の夏に始まった石川町教育ゼミナールはその典型的な例で、一泊二日の合宿型研修の中で、石川町の先生方と『学び合い』に興味をもつ福島県外の先生方との交流を生み出しています。そしてそこには話の内容

＊13　後藤滋樹・野島久雄「人間社会の情報流通における三段構造の分析」人工知能学会誌 8 (3)、1993、pp. 86-94.

に応じて、自然発生的にgatekeeperが生まれ、立場を相互に入れ替えながら、貴重な情報交換がされているのです。

期待を超えて広がる『学び合い』

「相手の期待を超える」というのは、第三回教室『学び合い』フォーラムで講演くださった中村文昭さんの言葉です。田口教育長や大野指導主事を中心とした石川町の皆さんは、いつも私の期待を超えてお付き合いくださいます。だからこそ、私も訪ねるのが楽しみになり、期待を裏切らないように気合いを入れてお付き合いします。そういったところには、志を高くもつ人たちが集まってくるものです。

最初に栃木県大田原市で出会った渡邉先生は校長先生となり、ご自身の学校に私を招いてくださったり、石川町教育ゼミナールに学校の先生方を連れてご参加くださったりと、いいお付き合いが続いています。最初に石川町で行った講演会を私のブログで知り、須賀川市からご参加くださった岩井先生のご紹介で、須賀川市の学校へも継続的にお邪魔し、教頭先生として岩井先生が赴任された学校には、本書の共同編著者の阿部さんが訪問するという広がりも見せています。

信頼できる仲間の口コミで点と点を結び、またその先で線がつながっていくことで、石川町を中心とした面が広がりつつあります。線と線が織りなす網（ネット）で救えるものもありますが、面で救えるものはもっと多い。これが、全国各地で広がっている『学び合い』のコミュニティーと合流する日も近いと感じています。今後を期待しています。

町ぐるみで取り組む『学び合い』の過去、現在、未来

大野勝彦（福島県石川町教育委員会）

『学び合い』との出会いと「本気」の関係

平成二四年一〇月、石川町教職員研修視察での「目標と学習と評価の一体化による『学び合い』」との出会いが、石川町の教育の一大転機となりました。翌年六月には、石川町教育講演会に水落先生をお招きして、『学び合い』について大きな示唆を与えていただきました。

しかし、このような大学教授等の講演会や市町村の訪問は、一過性のイベントで終わってしまうことがあります。町として継続的な支援を得たいと考え、水落先生と本町の田口和憲教育長が町の将来像について語り合い、今後の具体的な方策を以下、確認しました。

平成25年　石川町教育講演会

①石川町のリーダー的な教員が上越教育大学に出向き、『学

び合い』に関する研究内容を理解する。

②「石川町教育アドバイザー」を委嘱し、名実ともに継続して支援を得るシステムをつくる。

実際に、翌年（平成二六年）二月には、町教育委員会指導主事、石川小研修主任・副主任の三名が、上越教育大学を訪問し、ゼミ生の皆さんとのディスカッションを通し、『学び合い』に対する熱い思いを体感しました。そして、『学び合い』の実践こそが石川町の教育改革であるとの確信のもと、三月には水落先生に「石川町教育アドバイザー」を委嘱しました。そして、新年度になって早々、桜満開時の石川小学校のパイオニア授業に、水落先生とゼミ生の皆さんが訪問し、上越教育大学と石川町の「本気」の付き合いが始まりました。

町全体での『学び合い』の導入

平成二六年度からは、『学び合い』が正式にスタートし、翌年の学校統合に向け、小学校八校、中学校二校全校で同一歩調で授業改善に取り組みました。

「大きな抵抗がなかったのか？」

よく、「沈黙の抵抗」ということが、教育界にはあるようですが、この研究授業の取り組みについては、そのような空気は感じなかったように思っています。ただ、先生方の間に「理解の温度差」があるのは事実で、その差を学校としてどう埋めていくかが課題の一つでもあります。

また、抵抗がなかったのは、『学び合い』が、本来教師が欲している授業そのものであるからだと思います。「学力向上」と言われ続け、いつしか「知識を与える」というスタイルに陥ってしまい、「子どもと共に授業を創る」、「学級全員がわかる」という授業の基本姿勢を見失ってしまっていたのかもしれません。常に、ジレンマを感じながら、日々の授業を行っている教師も少なくなかったと思います。負のスパイラルの中でもがき苦しみながら、光を求めていたように感じます。

そこで出会ったのが『学び合い』であり、上越教育大学の学術研究です。「もっといい授業をしたい」、「学級全員がわかる授業をしたい」という教師魂に火をつけたのでした。

形式的にならない『学び合い』授業研究会

『学び合い』を実践するためには、先生方に基本的な考え方を理解してもらわなければなりません。講演会や研修会も必要ですが、一番は授業実践であり、校内研修の充実です。

一般的な校内授業研究会では、授業者自評→質疑→協議、数人の参観者が自分の思いを述べて、最後に満を持して「指導助言」というパターンが多いと思います。石川町では、研究会で先生方が話し合う時間を確保するためグループワークを多く取り入れています。少人数のグループで本時の授業について話し合い、「目標と学習と評価の一体化」に対する成果と課題を出し合います。最後に明日の自分の授業で生かせることを見出すという教師の『学び合い』を実践しています。

事後研究会・グループワーク

その際、指導助言者にもグループワークに積極的に入っていただき、その都度出される疑問などにご意見をいただきながら、『学び合い』を深めています。すべての教師が『学び合い』の共通実践に向けて意識を高めながら、スキルを高めていくことができたと思います。このグループワークによる教師の『学び合い』が、「Ｗｅ」を育てていったのだと思います。

理論と実践の往還、学術研究による『学び合い』授業研究会

授業研究会の事後研究会では、発言した先生や指導助言者の経験や感覚的な考えで終始するパターンがよくみられます。石川町では、『学び合い』が基本にあるので、協議は焦点化されやすい状況にあります。つまり、「目標と学習と評価の一体化」がすべての判断要素となります。

協議の方向性が決まっていきますので、参加者の話し合いは格段と深まっていきます。特に、大学関係者や町外の『学び合い』実践者の皆さんが参加した研究会などは、その効果はてき面でした。学術研究に裏打ちされたものであり、授業者も参観者も新たな授業の視点に気が付き、明日の授業に生きる研究協議になりました。

現場の先生方は、大学の学術研究による『学び合い』理論から学び、実践を通して深めていく、その実践を大学で分析して、さらに理論的にまとめていくという「理論と実践の往還」により、スパイラル的に向上していきました。大学と現場の「Ｗｅ」な関係が強固なものになっていきました。

『学び合い』による学校、教育委員会、大学のＷｅな関係

継続的な『学び合い』を実践するため、学校と大学の間で、教育委員会が積極的に機能し続けなければなりません。教育委員会として大学への要求も必要です。

町から大学への要求としては、各学校の授業研究会のためのデザインシートの助言、ＩＣＴ等大学で研究している技術・機器の提供、町主催の研修会の共催承認と講師の派遣、さらに全国的なＰＲ活動、学校からの質問に対する回答依頼等々です。また、大学から町へのサテライト講座の会場提供と共催承認、大学等主催の研究会への講師要請、町の取り組みの紹介のレポート作成要請等々の要求もあります。ほぼ毎日のようにメールを通して連絡調整を図らなければなりません。

このような双方向的な関係を、教育委員会がコーディネイトすることにより、現場と学術研究の立場で一緒に授業をつくりあげる関係、すなわち「Ｗｅ」の関係が構築できるのだと思います。この関係でつくりあげられた授業を先生方が自信をもって実践することにより、石川町の『学び合い』が発展しているのです。

インフォーマルな関係による『学び合い』のアイディア

町内の学校の授業研究会に大学から講師をお招きした際には、関係した先生方を含めて懇親会を行うことを大切にしています。インフォーマルな雰囲気の中で本音の話が展開され、「Ｗｅ」の関係をより深め有意義な時間になっています。

この懇親会では、さまざまなアイディアが生まれ、次のような実践が動き出しました。

上越教育大学の皆さんとの懇親会
（前列左端が田口教育長）

石川町教育ゼミナール

平成二七年度から八月の二日間で、教育に関する講演、上越教育大学教職大学院のサテライト講座、『学び合い』を基本とした授業構想の演習等を行っています。教育委員会と上越教育大学がタッグを組み、「理論と実践の往還」による新たな形の「Ｗｅ」な研修会がスタートしました。

子どもたちの教育環境の改善はもとより、先生方が必要とするものにすぐに対応することも教育行政として大切なことと思っています。

転入教職員研修会

学校は年度末人事異動により先生方が新しくなります。そのような中で町全体として「学び合い」を維持・発展させるために、「転入教職員研修会」を立ち上げました。四月の早い段階で、今年度転入してきた教職員に教育長の「石川町の教育」、『学び合い』に対する熱い思いを周知し、最後に実際の授業の映像を見てもらいました。子どもたちのために、全員が「Ｗｅ」になり『学び合い』を実践できるようにすることが目的です。

平成26年　石川町教育ゼミナール
閉会式でみんなで「We」

小学校・中学校と連続した「学校公開」

石川町の『学び合い』の評価をするため、石川町では毎年一一月に学校公開を行っています。町内はもとより地区内、広くは県内外から多くの先生方が参加し、現在の取り組みに対してご意見をいただいております。授業者の先生も普段の研究会にはない緊張感の中で、明日の授業につながる協議を行うことができています。今年度から小・中学校二日間連続で「研究公開」を実施し、地区外からもより多くの先生方に参加していただけるよう配慮しています。

『学び合い』の最新情報を還元する役割を果たす教育委員会

石川町では、研究授業で課題を検証し、まだすべての教室というわけにはいきませんが、多くの先生が、毎日の授業で『学び合い』の授業を実践しています。特に児童生徒の情緒面で成果が表れて来ています。「授業が楽しい」、「充実している」、「自分の意見が取り上げられてうれしい」等々、授業における充実感、自己肯定感、自己有用感の向上が見られます。まさしく、「みんなで……」意識が高まっていることは間違いありません。

しかし、今の実践に満足することなく、教育委員会として常にアンテナを高く持ち、最新情報や町の取り組みに対する評価を各学校にフィードバックしながら、『学び合い』をいつでも、誰でも、どの教科でも実践している、文字通り「石川町の授業」を確立させていきたいと考えています。

平成27年　臨床教科教育学会
指導主事が町の取り組みを発表

大学や学会主催のフォーラムへの参加

上越教育大学や臨床教科教育学会等が主催するフォーラムや研修会に指導主事が参加し、教育に関する最新情報や教育技術を取り入れ、各学校に還元することも教育委員会の役割です。また、現在の町の取り組みを積極的に発信し、学術研究に生かしてもらうことも必要です。

『学び合い』フォーラム、福島の会への参加

全国や県内の『学び合い』実践者と『学び合い』に関する情報を共有し、ともに実践を重ねていく必要があります。教育委員会としてフォーラムや集会にも積極的に参加し、得た情報を積極的に学校にも紹介しています。また、石川町教育ゼミナールや学校公開を積極的にＰＲして、町の取り組みを全国発信することも教育委員会の役割です。

タブレット端末の導入

石川町では、「可視化」のツールとして今年度から「タブレット端末」を導入しまし

た。これは、上越教育大学の水落研究室での「iPad+edutabを用いたCSCL[*14]の研究」をベースとしています。複数のタブレット端末を「edutab box」という通信機能とサーバ機能をもった機器でネットワークを構築し協調学習を行うことで、個人の意見を把握したり、交流のためのデータベースにしたりすることができます。

「タブレット端末」を導入するためには、大きな財政負担が必要です。しかし、教育行政として、「子ども」第一主義を貫き、新しい時代の教育環境として、ICT活用の国や県の施策を取り込み、財政問題の解決を図っています。

『学び合い』とアクティブ・ラーニング

この二、三年さまざまな会議、研修会等に参加すると、ほぼ口をそろえたように「アクティブ・ラーニング」が出てきます。新学習指導要領の目玉として取り上げられ、あたかも新しい教育理論のように聞こえますが、『学び合い』は、アクティブ・ラーニングそのものであると考えます。

課題クオリティ、学習のプロセス、思考ツール、インタラクション、リフレクション、ポジティブイメージ等々新たな言葉が躍りますが、すべて『学び合い』に網羅されている

＊14　CSCL「Computer Supported Collaborative Learning」の頭文字の略。直訳で、コンピュータに支援された協調学習。

と考えています。つまり、『学び合い』を実践することが新しい時代の学習スタイルであり、一斉授業から脱却して「課題の発見と解決に向けて主体的・協働的に学ぶ」アクティブ・ラーナーを育てる教育活動であると考えます。

「学び合い」を導入したころは、不安と挫折の中で暗中模索のまま進めていた授業が、今では時代の最先端として脚光を浴びています。今、石川町の先生方は、大きな自信をもって授業に取り組んでいます。自分たちが取り組んでいる『学び合い』が時代のニーズであり、これからの教育に絶対に必要なものであると考えています。このポジティブ感覚がこれからの石川町の教育を支える大きな力となることを信じて、石川町教育委員会としても教育行政として日々努力を重ねています。

【鼎談】これからの行政と学校の理想的な関係とは

『学び合い』がどうして町に広がったのか

大野　全国にさまざまいる『学び合い』に取り組んでいる先生方の『学び合い』を知るきっかけを知りたいのですが。例えば、阿部先生はどうでしょうか。

阿部　私が副理事長を務めている「NPO法人授業づくりネットワーク」（以下、「授業づくりネットワーク」）という組織がありますが、毎年二〇〇人規模の全国集会を開いていたんですね。それで、二〇〇五年の夏集会で、メイン講師に西川純先生をお招きしたことがきっかけで知りました（詳細は、第二部第五章一七五〜一七七頁参照）。

大野　このときの集会のテーマは、『学び合い』ではなかったわけですか。

阿部　（同「授業づくりネットワーク」）理事長の石川晋さん（北海道公立中学校教諭）はアンテナが高く、これから世に出て行く教育事情を見定める目をもっています。あの頃は、西川先生が『学び合い』の本を出し始めた初期の頃で、これはすごく面白いという情報を拾ってきたわけです。

大野　授業づくりネットワークという組織は点のつながりなのですか。

阿部　もともと、全国の民間教育サークルを結びつけるところから始まっています。大きな総本山が上意下達的に伝えるというものではありません。全国各地のよりよい教育活動をつなげよう、つながろうという感じですね。根幹は「異質からの学び」です。「授業づくりネットワーク」は『学び合い』的といえば『学び合い』的です。

大野　なるほど。各地にいろいろな私的グループってありますよね。○○研究会とか、○○づくり部会とか。そこで学んでいる先生は一人でやっていて、うまく誰ともつながれないというときがありますよね。そういう意味では、町全体で一つの『学び合い』という考え方のもと進めている本町は全国的に見ても希でしょうね。教育長のリーダーシップだと思います。教育長が若い頃から思い描き、実践していた授業があり、それは時代を超えても同じなんですね。その授業と水落先生の考え方がぴったりはまったと思っています。

水落　いろいろな抵抗はなかったのですか。

大野　教育長から聞いたのですが、前任の指導主事が大田原市で水落先生と出会い、翌年教育長就任の年に、水落先生をお招きして、町教育講演会を実現させ、先生方全員が『学び合い』に引き込まれていったようです。このときに町の先生方が『学び合い』に取り組む意識ができあがったのだと思います。その年、秋田県の学力向上フォーラムに、町の校長一〇人で参加し、課題・追究・話し合い・（学び合い）・まとめの一貫性のある授業を見聞し、より『学び合い』の必要性を感じたそうです。いずれにしても先生方全員が実際に水落先生の話を聞いたことが大きかったですね。

水落　町全員の先生に（小中学校含めて）聞いてもらいました。しかし、あれほど早く、町全体に波及していく例は見ないですね。

大野　もちろん教育長の考えもありますが、単純明快で、先生方が望んでいた、根底的に感じていたものだったからと思います。県の施策がありますが、現場でやるのは先生方です。学力向上という題目があり、先生方は自分中心に教えてしまう、いわゆるワーク、トーク、チョークを駆使して。これに陥ってしまうんでしょうね。そこを水落先生の講演でやはり教師って、こういう授業をしなくちゃいけないんだと気づいた。目から鱗というよりは、ついていた垢を落とさせた感覚というのが素直な感想です。新任の頃は、みんなで頑張ろう、一人も落とさないぞという感じで頑張っていたはずなんです。

水落　校長先生だって、いろいろな考え方があるじゃないですか。教育長が『学び合い』をやりますとなったときには、どのような反応だったんですか。

大野　たまたま、いいタイミングだったのだと思います。平成二六年度は、統合に向けて、すべての学校でさまざまな課題について話し合っていました。そして平成二七年度は統合元年で、一〇校あった学校が四つの学校になり、小学校を卒業すると町に一つある中学校に全員集まりました。校長先生方も、同じスタンスでやっていかないと子どもたちが戸惑うだろうと感じていました。教育長も常日頃「学習スキルは同じに」と言っていました。教育課程の他に、実際に授業をする先生方も考え方や授業方法を揃えましょうと意識していました。

水落　それでも、抵抗はいろいろとあったんじゃないですか（笑）。

大野　どうでしょう。私の耳には届いてきていませんから、二年間突っ走ってこられました。どこかで抵抗勢力にあっていたら、当然ながら、気持ちは折れていたと思います。校長先生方が教育長の考えをしっかり受け止めてくれたことが大きかったと思います。先生方もしっかり前向きに受け止めてくれて進めてくれました。先ほどの話に戻りますが、先生方の指導の原点に『学び合い』という考え方があったからだろうと思います。とってつけたような、実証研究をやりなさいとか、これこれという形で探究学習をしなさいとか、そういうものではないんですね。『学び合い』とは考え方であって、テクニックではないといつも水落先生が言っていますが、まさしくその通りだと思います。

水落　阿部さんの学校にも行ったことがあります。やはりね、反応がさまざまですね。すんなりと受け入れてくださる方もいれば、そうじゃない方もいらっしゃいますからね。

阿部　私が、小学校現場にいたときに、水落先生を三度ほど外部講師として、異なる年で異なる学校に招いた経験があります。反応はそれぞれでした。その違いは何でしょう。そこを構成している先生方の雰囲気ということになってしまいますかね。

大野　先生方はマニュアルを欲しているという感じがします。大学でいろいろな勉強してきて、実習に行って、マニュアルにもとづいて授業をするのはものすごく得意ですね。反面、「この授業はこういうやり方でいいのかなぁ。でも、みんなこのやり方でやっているからそれでいいか」といったように、心には不安があるんだと思うんです。その不安を打ち消すのが、『学び合い』だったのではないかと思います。

水落　いろいろな教育政策が次々に出てきて、中にはやったふりをできるものもあります。しかし、『学び合い』はやったふりができないんですよね。「次の授業ではここを見せていただきます」と先に言います。よく研究授業って、指導者がきて、後出しじゃんけん的に指導をするでしょ。でも、そうではなくて、「ここところの視点で、こういう基準で観に行きます」と先に言うと、もうやるしかないんですね。『学び合い』の授業と同じ構造で先生方とやりとりができます。この進め方が成功したのかもしれませんね。

大野　昨年のある時期、先生方に、いっぱいいっぱい感があるときがありました。あのときが一つの山だったのかな、と今思うと感じることがあります。今まで自分が実践してきたことと『学び合い』をどのように折り合いを付けるのか、そこで悩み苦しんだときがあったようです。先生方には過去、何十年とやってきたことがありますからね。『学び合い』が子どもたちのためになると感じたことが変化のきっかけだと思います。今まであまり授業に積極的でなかった子どもたちが、「授業が楽しい」、「授業に参加している」という感想をもってくれています。そのように子どもに思ってもらうことが私たち教師の仕事だと思います。教育委員会で学校訪問に行きますが、『学び合い』をしている学級とそうじゃない学級は空気感が違います。

水落　はい、それはわかりますよね（笑）。一秒でわかりますよね。

大野　思考回路がアクティブになる。誰とも話をしない子どもがいたとしても、教科書やノートとにらめっこするなど一生懸命考えているわけです。自分の中で『学び合い』感が成立しているんですよね。

水落　また、石川町という規模がいいのでしょうか。

大野　ははは……（笑）。それは、たまたまですね。町教委も先生方も統合するから同じスタートでという気持ちがありましたし、中学校は一つですから、小中連携という考えのもとにしっかりやろうという意識もありました。その意味では適正規模だったのかもしれません。

阿部　『学び合い』だからこそ、できることなのでしょうか。

大野　それは、全国的に見ると、町全体で何かを基本に取り組んでいこうという事例はあるでしょうね。自治体の色を出そうということがありますよね。なぜかというと、地方都市は人口流出に歯止めがかからないわけです。子どもたちは学力を高めても将来的に町村に帰ってこないという問題を町は抱えています。教育長の最大の願いですが、石川町で生まれて、学んで、育ってよかったという気持ちをもたせてあげたい。地方自治体として生き残り策として特色を出していきたいわけです。

水落　目標と学習と評価の一体化という私たちが主張することに重なります。しかし、全国を見ると、型をもってきて提示する自治体があるみたいですね。○○スタイルとか。お約束ごとが全部くっついてきちゃうような気がするんですよ。でも、これからは目指すところだけは共有してやるといった、石川町のようなスタイルが基本形になってくると思います。

大野　昔のスタイルって何でもマニュアル化されていたじゃないですか。ですから、マニュアルがあった方が楽なんですよね。でも汎用性がないことに気づいてしまったわけです。しかし学校は、超多忙化していますので、マニュアルではない方向へ対応するのは難しいわけです。ですから、力のある先生方は、独自路線で自分だけで突っ走っていき、余裕のない先生方は、悩み苦しんでしまっているということに、なりがちですよね。

『学び合い』を始めて変わったところ

水落　先生方は、『学び合い』に取り組むことで、教員同士での子どもたちの話がしやすくなるものですか。

阿部　それもありますが、『学び合い』をやっている学校は、子どものいいところの話をし、多忙感でいっぱいの学校は、子どもの悪口を言うという感じはあるような気がします。

水落　子どもを見る余裕が出てくるということでしょうか。

大野　当然ながら、子どもの動きを見ていますからね。教員は真面目だから、子どもたちのいいところを言ってあげたい、見つけてあげたいと思うじゃないですか。そういう余裕が『学び合い』によってできるということですね。「地上の星」*15が一杯になるわけです。

水落　そうですよね。こういう姿が見たいって、先に言うわけですからね。期待を越えていく姿がありますよね。「すごいよ、あの子、こんなことやっちゃっているよ！」といったような。

大野　そこで指導案がびっちりできあがっていると、教師の引いた線路ですよね。ですから、ここから外れることが目立ってしまう。それで、「○○はなんで私が言ったことに対して別な動きや考えをするの」って言ってしまう。

水落　こういう考えの授業で、うまくいった授業というのは、結局は自慢話に聞こえてしまいます。「俺のこの発問がよかったぜ」って。

大野　『学び合い』を始めてから、子どもたちに関する話題も増えていきました。小学校ですと分科・専科といって、ある教科だけ他の先生に授業をもってもらうことがあります。分科・専科の先生が「今日の○○さん、頑張っていましたよ」って担任に伝えるわけです。担任も気分がよくなりますよね。それで、クラスの子どもたちに「今日の○○の授

＊15　「地上の星」……子どもの目標達成に向けた具体的な行動例。例えば「A君がB君の発表を手伝ってあげた」など。第1弾32頁も参照のこと。

業、よかったんだってぇ！　君たち、頑張ったねぇ」って、スパイラル的に学校がよくなっていきます。先生方は、根底的にそういう風にしたいという考えがあるので、『学び合い』が上手く広がっていくんじゃないですかね。

水落　先生方から結構、相談や質問を受けることがあるのではないですか。

大野　研修主任から電話やメール、実際に会ったときに質問や相談はあります。

水落　『学び合い』をしていない地域では、質問をされることはありますかね。

大野　私も、ここが初めての指導主事体験ですので比較できませんが、少なくても私が教諭時代は、指導主事にこうした授業の考えなどを質問するということはなかなかできなかったですね。学校訪問などで、そのときに指導いただく感じでした。私が指導主事になってからは、授業研究会では指導助言というのは極力避けています。それも『学び合い』と一緒で一方的に話しても受け入れてもらえるかわかりません。グループワークをしますね。

水落　授業研究会で指導案をつくるのではなく、目標と学習と評価のポイントを箇条書きした「授業デザインシート（A４一枚）」を使うことにしたのは、教育委員会から提案したわけですか。

大野　はい。従来の授業では、指導案をたくさん書いた方がよい授業、といった錯覚があったと思います。それで実際の授業は、ぎっちぎっちに決まっている授業案ですので、そこから外れられない。外れたら無理矢理修正してこちらに戻そうとするわけです。結果、授業が押して、六〇分、七〇分になって最後まで行かずに終わるとかですね。

水落　よくあるパターンですよね。

大野　しかし、そこに力を入れるのではなくて、子どもたちを見る目を、一緒に同じ目標に向かって頑張っていこうという感覚を、先生方にもってもらいたいですので、指導案にかける時間は最小限にしてもらおうと、校内の授業研究会は、デザインシート＋指導過程一枚にしました。目標、学習、評価が明らかになっていて、今日の授業でこういうところを見てくださいと明確になっていれば、私たちもそれを見て、アドバイスができます。指導過程もぎっちぎっちはいらないと思うんです。

新しい先生に『学び合い』を受け入れてもらう仕組み

水落　毎年、新しい先生が町にやってくるじゃないですか。それで、『学び合い』をやろうというとき、どうしているのでしょうか。

大野　今年度は最初に、町に転入してきた先生方を対象として、「転入教職員研修会」というのを町で開きました。教育長の熱い思いを話していただいたあと、石川町の方針を話していき、その中で本町は『学び合い』をやっています。『学び合い』とはこういうものです、と概要を話して石川小学校の授業ビデオを見てもらって、イメージをしてもらいました。

水落　皆さん、キョトンという感じではなかったですか。

大野　最初は、この町でも新しい型を覚えなくてはいけないのか……という空気になりました。しかし、ビデオを見ている間に、目が変わってきました。結局、教師が元来求めていた授業の姿をそこに発見したのだと思うんです。ですから、抵抗感は感じませんでした。

水落　中学校では、私語厳禁みたいなところがありますよね。私たちは、立ち歩きまで認めるわけで、学習規律はどうなっているんだと、その時点で『学び合い』へ一歩踏み出せない先生方っていますよね。

大野　人間は生きていく上で、自分が身につけた知識というものをどうやって実生活なり、社会なり、仕事に生かすかということが勝負じゃないですか。思考・判断・活用力も含めて『学び合い』はすべてを網羅できます。知識もなければ交流もできないですし、言語活動能力もなければ交流もできないわけです。ですから、当然ながら、今の時代の流れにぴったりはまっています。指導主事の立場で、多くの会議、講演等に出かけます。そこで聞くアクティブ・ラーニングの話は、講演する先生方によって表現は異なりますが、根底に流れているのはすべて一緒で『学び合い』につながります。

水落　現場の学校の先生方が、最先端の研究者や研究成果とつながるのは難しいですよね。そういう意味では、指導主事が間に入って、現場の先生方へ情報を伝達するつなぎ役になっていただくことも大切なのかなと思います。特に、これからはチーム学校として、いろいろな専門家の人に頼りましょうということになるわけですからね。

大野　大量退職時代を迎え、ベテランがどんどんいなくなっています。若い先生方の授業をどうするか、悩んでいる姿を現場ではよく見かけます。まったく講師経験もない先生が入ってくるというのが普通になっています。これからは、チーム学校として、全員で一人の子どもたちを見るという体制をつくっていかないと学校は難しいと思います。

阿部　『学び合い』に批判的な人の中には、新卒の人がいきなり『学び合い』に出会ってしまうと、きちんとしたスキル、テクニックを身につけられないから不幸だという人がいます。

大野　逆に、きちんとしたスキルって何ですか、と聞きたいですね。『学び合い』の根幹にある思想は、「子どもを信じる」ということだと思います。ですから、子どもたちの思考をアクティブにする環境を設定して、学習者相互の価値を高めていくというのが私たちの仕事だと考えます。その過程で、子どもばかりではなく、私たち教師もまた成長します。テクニックやスキルは徐々についていくものであり、これがすべてというものはないと思います。うちの町にきた初任者は幸せです。最初に先生を経験する段階で、教師の王道を学ぶわけですから。時代は今後、どのように移り変わっていくかわかりません。しかし、少なくとも『学び合い』という基本的な考え方は変わっていきようがないと思います。

Weな環境をつくっていくことに腐心するのが行政の役割！

水落　予算獲得のような行政面と『学び合い』の関係で何か言えることはありますか。口は出すけれど、金は出さないという話はあちこちでよく聞きます。しかし、石川町は逆ですよね。細かいことはあまり言わないけれど、金は出すというところがありますよね。

大野　例えば、タブレットなどのＩＣＴ機器等、何か新しい機器を導入するときの先生方の対応一つを考えても大変です。しかし、「タブレットなんて必要ないし紙で十分」と言っていると時代に取り残されます。教育長の言葉ですが、やっていいか悪いかわからないけれど、少なくともプラス要素はある。そのためにお金を獲得するというのが行政の仕事です。

水落　これからは、指導主事だけでなく管理職にとっても重要なことですよね。高いアンテナをもって、直接、先生方をつなぐ役割をして、予算が必要であれば、予算を獲得するように動き、円滑なコミュニケーションができるように環境設定をするということが、これからの管理職、教育委員会の役割のように思います。

阿部　市町村の指導主事の方を見ていると、雑用係といった体で、現場の先生以上に忙しく、かわいそうという感じがします。指導主事という名称なのに、授業その他で指導に来られるときは余りないように見えます。ですから、大野先生を見たときに、こんな忙しい中で、名目通りの指導主事の仕事をされていて、それだけで尊敬しました。

大野　私も書類処理やら報告等が主で、授業とかかわることはそれほど多くはありません。また、そんなにしばしば学校を訪問して、授業を見聞していたら先生方から嫌われてしまいます。まぁ、立場的に嫌がられない努力はしています。普段からフランクな関係を維持するようにしています。

水落　一言でいえば、Ｗｅな関係なわけですね。「俺が思っていることを教えてやろう」という人が管理職や指導主事にもいるじゃないですか。結局、自分がステージに乗っていく、という人ですね。でも、今の大野先生の話というのは、先生方や子どもたちをどんどんステージに乗っけて、客席を温めるという感じですよね。

大野　教育長の指導が大きいと思います。仮に、ものすごく優秀な指導主事がいたとして、結局、指導主事が授業をするわけじゃないですからね。どれだけ指導主事が頑張ったって、子どもたちをよくするのは先生方です。先生方に働いてもらうようにするのが指導主事を始めとする私たち行政の役割です。お金も人も環境もそうです。Ｗｅな関係を築きながら、『学び合い』を進めていくことが最も大切なことです。だから私たち石川町は、上越教育大学と連携を図り、Ｗｅな関係で進めていこうと思っているわけです。

阿部　それこそ、石川町のようになるマニュアルはないですからね。

水落　やはり、ここでも『学び合い』の考え方で他と協働して共に行動していくことが必要になりますね。そうなると、『学び合い』は授業の中だけではありませんね。もっと広いイメージが必要になります。もっと学校も大学も行政も地域も範囲を広げたＷｅな関係を構築していくかかわり方が必要になってくるわけですね。

第五章　ネットで『学び合い』とつながる

校内に誰も共感者がいないとき、ネットで地域で『学び合い』とつながろう

阿部隆幸（上越教育大学教職大学院）

ほんのちょっとの行動力がつくった縁

私（阿部）は、平成二八年四月、上越教育大学教職大学院准教授として新しい仕事に就きました。なんと、本シリーズの共同編著者の水落芳明先生と同僚です。この大学院には『学び合い』の著作がたくさんある西川純先生、今回、共同執筆者になっていただいた片桐史裕先生などたくさんの『学び合い』研究者、『学び合い』実践者がおられ、今や毎日、忙しくも楽しい研究生活を過ごしています。

そんなことを聞くと、阿部隆幸という人間は、ずいぶん前から『学び合い』のコミュニティに自分の居場所をつくり、『学び合い』実践者とワイワイガヤガヤ楽しく実践生活を過ごしてきたのだろうと思う方が多いかもしれません。

しかし、このように『学び合い』にかかわる方々とこうして日常的に交流できる環境ができるまでは、一人でひっそりと『学び合い』授業を試行している時間が長くありました。

ここでは、私自身が『学び合い』に出会い、周りに『学び合い』実践者がいない環境でどのように『学び合い』を進めてきたか、それを紹介します。そうすることで、少々私が歩んできた道は特殊だったのかもしれませんが、今、『学び合い』を始めようとしている人、または、一人で『学び合い』をひそひそとやっている人が仲間を見つけるヒント、コミュニティを見つける（またはつくる）ヒントになるといいなと思っています。

西川純先生との衝撃的な出会い

皆さんの『学び合い』との出会いはどこですか？

「この本で初めて知りました！」と、著者にとって最大のほめ言葉を与えてくださる読者もいるかもしれませんね。私は、二〇〇五年八月、この年福島県福島市で開催した「授業づくりネットワーク夏集会」に講師で来られていた西川純先生（上越教育大学教職大学院）の講演を聴いたのが最初でした。正確に言えば、その年の春に西川先生が書かれた『学び合い』の本を読んではいたのですが、「ふうん、『学び合い』かぁ。別に学校の中では学び合いって普通にやってるじゃん。あえて、タイトルに付ける意味ってあるのかい？」くらいに、ちょっぴり批判めいた感想をもっていた程度でした。ところがところが、このとき、西川先生の講演に圧倒されます。西川先生特有の情熱的な口調のもと、提示されるデータの数々が、学力や生活態度を含め、良好に変化していったという説得力あるものばかりだったからです。それでいて、教師は前面に出ず、それどころか、環境設定を中心にして「教える」ことをでしゃばらないようにするという……。私が求めていた授業観と重なりました。

第一弾の七二頁で書いていますが、当時の私のイメージするあこがれの授業モデル、教師モデルは築地久子先生で、教師が教室前面に立たずとも、子どもたち同士で授業を進めていく授業だったのです。私は、これを自主自立的な授業モデルとして一時期追い求めますが、教師の凄腕が必要ということを実感し、早い段階で挫折した経験をもちます。ところが目の前で講演されている西川先生は、『学び合い』の考えにもとづけば誰でもできるようになるという魔法のような言葉を私を含めた参加者に浴びせる形で講演を終え、帰って行かれました。そのときは西川先生とお話など一切できませんでした。私はそれでも、「魅力的だけれど、そんなに簡単にできるはずがない。一度挫折しているし、やめたほうがいい」

そう思って、何もせずに衝撃的な記憶は頭の片隅にありつつも、『学び合い』を実践せずに、しばし今までの自分の授業を進めることになります。

やってみよう！　一つのメールがすべての始まり！

あの衝撃的な講演を聴いた一年と半年後、二〇〇七年四月。この年異動があった私は、決心します。とにかくやってみよう。できなさそうだったら、すぐにやめればいいや。まずはドキドキしながら、西川先生にメールを打ちました。当時、『学び合い』を始めるに当たって、私が得ていた情報は市販されている西川先生の『学び合い』関連の本と西川先生のメールアドレスだけだったからです。

いろいろと心のモヤモヤを文章に書き、とにかく『学び合い』を始めたいので何かあったらアドバイスをくださいというようなメールだったと思います。数分後、すぐにメールが返ってきました。

「あなたなら、『学び合い』をやると思っていました」

（一五〇人の一参加者で会話もしなかった私を、しかも一年半もの間、西川先生は覚えて

いたのかどうかはわかりませんが）

この一言で私は勇気をもらって『学び合い』に邁進することになります。私は一人ですけど、一人じゃありませんでした。背後にいつも西川先生が寄り添ってくれているのです（なんだか、怖い表現ですが……笑）。

『学び合い』を始めた当時、私は教務主任で、授業は小学校五、六年生の社会科だけを担当していました。そのため、「学級集団が一つの目標（本時のめあて等）に向かって全員達成を念頭に取り組む『学び合い』において、学級担任ではない教員が特定の教科で『学び合い』授業に取り組むことに不安はないのか」と、当時尋ねられたことがあります。西川先生が、教科担任制である中学校での『学び合い』授業の成果データをもっていたことが取りかかることができた理由の一つですが、もう一つは、初めて『学び合い』を行うときに、担任でないからこそ、うまく行かなかったらすぐにやめられるという気軽な逆転の発想というのでしょうか、そんな気持ちがあったと思います。

『学び合い』ブログの情報発信が全国とつながる一歩！

周りに『学び合い』実践者、共感者のいない私は、この年（二〇〇七年）春から『学び合い』実践を行っていくと同時に『学び合い』のブログを始めることにしました。今も元気に運用されていますが、『学び合い』には「はてな」というインターネットサービスの中に、『学び合い』を実践・研究している方が開設できるブログサービスがあります(http://manabiai.g.hatena.ne.jp/)。すべての人に見てもらうように公開設定もできますし、『学び合い』のメンバーだけに読んでもらう公開限定設定もできます。

私は当時、公開設定にしてとにかく、自分が行った『学び合い』授業のこと、『学び合い』について考えていることなどを毎日のように書き綴っていました。知り合いがいない中で私がこういうことができた背景には、もともと興味があるものには後先考えず飛び込める性格だったことに加え、パソコン通信というまだインターネットが誕生していなかった時代からネットを使ったコミュニケーションに親しんでいたからと考えます。日常的にブログを更新することで、阿部隆幸という実態はともかく、『学び合い』を実践している方々に阿部隆幸という名前が少しだけ知られるようになりました。インターネットサービス全盛である今、情報発信することで自分に情報が集まってきます。情報発信することで周囲に自分を認識してもらえます。ブログを書くときに、こんな低レベルのことを書いて全世界から(大げさですか……笑)、笑われたり、批判されたりするのではないかと思われる人もいることでしょう。正直言えば、たま～にいます（苦笑）。

そんなときはへこみますよね。でも、安心してください。それをカバーしてくれる仲間が何倍もできます。それが『学び合い』実践者・共感者のとても素敵なところです。「We」を体現してくれているのですよね。もちろん、普通にブログやSNS（ソーシャルネットワークサービス）を運用していく上でのリスク管理は必要です（ちなみに、当時私が書いていた『学び合い』ブログは現在、閉鎖）。

教室『学び合い』フォーラムの参加がリアルな知人増加のきっかけ！

二〇〇七年は、初めて教室『学び合い』フォーラムに参加した年でもありました。教室『学び合い』フォーラムに関しましては、次の項目で主催者である片桐先生が紹介していますので詳しい説明は避けますが、『学び合い』の全国大会的な位置づけの会です。私が初めて参加した二〇〇七年は第三回大会で、新潟市にあるクロスパル新潟が会場でした。『学び合い』実践者の知り合いがいなかった私は、一人でおそるおそるここに参加しました。どんな人がいるかわかりません。もうドキドキでした。ここで、私にとって運命的な出会いをします。現在同僚で、本シリーズの共同編著者の水落芳明先生と初めて出会うことになるのです。水落先生は当時まだ小学校の先生でした。小学校の現場におられながら博士課程を修了するために論文を書くという今と同様のスーパーな生活を送っていらっしゃいました。

一人、会場に行くと、現在同僚である赤坂真二先生（上越教育大学教職大学院）がいらっしゃり語りかけてきてくださいました。すでに赤坂先生とは「授業づくりネットワーク」を通じて顔見知りではあったのです。

「阿部ちゃん。ちょうど、よかった。あのさ、阿部ちゃんにたぶんとっても気が合う人を紹介するからさ。おーい、水落さん」

赤坂先生を介して、初めて水落先生と対面しました。このときは、自己紹介程度で互いに交わす言葉も少なく終わった感じでした。私から見た水落先生の第一印象は、話をしっかり聴いてくれる人、水平目線で応対してくれる人です。これ、今思うと、『学び合い』をそのまま体現している感じになりますね。

水落先生以外にも、若干ですが知り合いができました。私は、『学び合い』とか水平目線とか言っているわりに、もしかしたら、上から目線で人と接する部分があるのかもしれません。自分から人に話しかけるということがなかなかできないからです。コミュニケーションの入口、最初の一歩が下手なのですね。とはいいましても、『学び合い』の会です。私自身がぼうっとしていても、なんとなく同じ空気感を共有できそうな人が近づいて、どちらともなく話をする関係になるんです。不思議です。このときは、山形県など、同郷のよしみでしょうか。同じ東北（私は福島県に住んでおりました）から来ている方々と知り合いになりました。

『学び合い』○○の会への参加で増える仲間！

二〇〇八年、教室『学び合い』フォーラムで知り合った山形の方々が「『学び合い』山形の会」を開催することになり、そこに参加しました。少しずつ『学び合い』に興味をもたれる方が増え、全国各地で「『学び合い』○○の会」（○○には地名が入ることが多い）が開催されるようになりました。私は、自分の予定と開催場所（やはり近い方が行きやすいですから）を確認し、各地の会に参加できるときは参加するようにしていきました。自分と異なる『学び合い』実践を知るのは自分と比較する上でとても参考になります。また、インターネット上ではなく『学び合い』を通したリアルな友人ができるのは、同じ悩みを共有できたり、自分の悩みを克服していった例を聴くことができたりして大変勇気がもらえるものでした。

遂に、私は「『学び合い』福島の会」を同じ福島県内で『学び合い』をしている実践家と共に開くに至ります。会を運営することは、会場を確保したり、広報をしたりと単なる参加者に比べて大変なことが多いのですが、運営する側同士、『学び合い』を深めよう、広げようという目標を共有し、責任を分担して、協同する関係となり、成果を共有することで職場で、なかなか『学び合い』の実践が共有できない中、地元に「Ｗｅ」な関係を構築することができました。

『学び合い』仲間が簡単に見つけられるＳＮＳ時代！

さて、ちょっとした私の『学び合い』の活動の歴史をふり返ってきました。私がたどった同じような道をたどることも可能ですが、時代が進んだ今、もっと簡単に『学び合い』の仲間を見つけてつながることができます。それは、ツイッターやＬＩＮＥ、フェイスブック等のＳＮＳの活用です。『学び合い』を研究、実践する方はさまざまで、アナログに強い方もいれば、デジタルに強い方もいます。そうしたデジタルに強い方がどんどん『学び合い』情報を発信してくださっています。ぜひ、『学び合い』で検索をかけてみてください。

Weの第一歩は気軽なネット利用とほんのちょっとの行動力！

今、近くに、誰も『学び合い』のよさを共有し合える仲間がいなかったとしても、もう少し遠くを見るとたくさんの「未来の仲間」があなたを待っています。『学び合い』をし続ける中で、いつかは必ずその未来の仲間と会い、『学び合い』のよさを語り合える日が来ることでしょう。その速度を早めるには、今でしたら、インターネットの利用（それもSNS利用）をして情報を発信し続けるか、ほんのちょこっと勇気を出して近くの『学び合い』の会に顔を出してみることがよりよいと思います。

ネットを通じて『学び合い』の仲間とつながることもできる

未来の仲間はあなたを待っています。出不精で、コミュニケーション下手な私が少しずつかけがえのない仲間を見いだせていけたと同様、あなたにも必ず仲間ができるはずです。

教室『学び合い』フォーラムの過去、現在、未来

片桐史裕（上越教育大学教職大学院）

教室『学び合い』フォーラム（以下「フォーラム」）は二〇〇五年、新潟市で第一回を開催しました。第一回は参加者四四名（内、実行委員約二〇名）というこぢんまりとしたものでした。それが二〇一五年の第一一回「フォーラム」では、延べ参加人数約三〇〇名という大規模な会になりました。なぜ「フォーラム」が一〇年以上も続けて開催し、これほどの参加人数を集められたのでしょうか？　今から振り返ると、「フォーラム」を開催する上で次の三つの姿勢があったからだと思います。それは「変化し続ける・自らを問い続ける・楽しみ続ける」ということです。

この章では「フォーラム」の歩みを紹介し、かつてしずくのようだった『学び合い』という考え方が、どういう経緯で「フォーラム」とともに今のようにせき止めることのできないような流れになり始めているのかを振り返っていきます。

自らを問い続ける――『学び合い』フォーラム開催の意義

今使われている意味の『学び合い』という語が初めて正式に活字として世に出たのは、二〇〇〇年頃（当時は『　』なし）からでした。例えば、杉浦清さん（埼玉県比企郡川島町立川島中学校・当時）らの教育研究論文「カウンセリング的手法を用いたコミュニケーション指導：中学校理科における実践を中心に」[*16]の要約文には「班の**学び合いの様子**を班ごとに8ミリビデオで一学期間にわたり録画し」と出てきたり、古田豊さん（東京都葛飾区立水元小学校・当時）らの論文「小学校理科学習における学び合いの発達に関する研究：話し合いケースに着目して」[*17]には題に「学び合い」という言葉が使われているように、今われわれが使っている意味の「学び合い」という語が表れるようになっていきます。『学び合い』は、子どもたちの学びにとって素晴らしいということはわかっているのですが、知っているのは『学び合い』の研究分野に関係する人たちだけで、当時、小・中学校、高等学校の先生方にはよくわからない、いや、知ってもらえていないものでした。

二〇〇二年から上越教育大学院に現職教員として内地留学をして、『学び合い』が素晴らしいものであることを目の当たりにしていた私は、「研究論文や学会発表だけでは、教

＊16　杉山清・西川純「カウンセリング的手法を用いたコミュニケーション指導：中学校理科における実践を中心に」『日本教科教育学会誌』第３号第22巻、日本教科教育学会、1999.

育現場の先生方には届かない。現場の先生方に向けた会を開いて、『学び合い』でどれほど子どもたちがダイナミックな学びをしているのかを知ってもらわなければならない」という使命感に燃え、大学院を修了して高等学校の現場に戻った二〇〇四年に、大学の先生、大学院の仲間たちと相談して「教室『学び合い』フォーラム」開催の構想を立て、二〇〇五年八月二〇日に第一回「フォーラム」を開催しました。

『学び合い』を実践している人と、『学び合い』に興味をもった人が教育現場の子どもたちのエピソードを囲んで、ワイワイ話し合うという会をイメージしました。私が所属していた大学院のゼミはちょうどそういうものでした。これは「公開ゼミ」という分科会となりました。

『学び合い』の世界の中にいると、『学び合い』の良さばかり語ってしまいます。しかしそういう説明では、『学び合い』の世界にいない人たちにとっては、胡散臭いものに思えてくるのは当然です。「フォーラム」はそういう方の疑問に答える形となっていきます。「自ら問い続ける」という「フォーラム」の姿勢はここに現れます。第二回「フォーラム」を二〇〇六年七月二八・二九日に開催し、パネルディスカッションを開きました。あえて『学び合い』に疑問をもっている方もパネリストに選び、素朴な疑問を提示してもら

＊17　古田豊・西川純「小学校理科学習における学び合いの発達に関する研究：話し合いケースに着目して」『日本教科教育学会誌』第2号第24巻、日本教科教育学会、2001.

いました。パネルディスカッションのテーマは「学び合いってそんなにいいの？」でした。参加者は一〇〇名を超え、『学び合い』の広まりに手ごたえを感じつついました。

楽しみ続ける―楽しくなけりゃ続けられない

「フォーラム」の草創期は開催中核メンバーの水落芳明さん（当時新潟市小学校教諭・現上越教育大学教職大学院教授）と次の「フォーラム」はどんなものにするか？　ということを酒を酌み交わしながら相談するのが私の楽しみでした。

前回は、一〇〇人超の参加者を集めたのだから、次は講師料を払ってわれわれが話を聞いてみたい方、話を聞いたら元気になれる方をお招きできる金銭的余裕ができたのではないか？　と考えました。第三回「フォーラム」（二〇〇七年八月一〇・一一日）に『学び合い』関係者以外から初めてメインゲストとして中村文昭さん（クロフネカンパニー）をお招きしました。中村文昭さんが講演でお話になった「頼まれごとは試されごと」、「相手の期待を上回れ」という印象的な言葉がその後、「フォー

ラム」開催メンバーのモットーとなっていきました。「フォーラム」参加者が何を望んでいるか、参加者の期待を上回る会を開きたいという気持ちが強くなりました。

こんなエピソードがあります。中村文昭さんもパネリストになったパネルディスカッションで、実行委員の大学院生がみんなにおしぼりを配りました。当日はとても暑い日でした。その大学院生はおしぼりを買って用意するだけではなく、氷も用意し、氷水でおしぼりを冷やし、パネリスト一人ひとりに配ったのです。それを受け取った中村文昭さんは、「ここは高級料亭か?」と驚いてくれました。自分の仕事は何で、その仕事で相手をどうやったら喜ばせることができるか? そして相手が喜ぶことが自分たちの楽しみになるという実行委員たちでした。これを機に今後もっと期待を上回ろうという気持ちが強くなっていきます。

いつだったか水落さんと次のメインゲストを決めるのにこんなことを話しあったことがあります。

「サッカーと『学び合い』というのは根元は通じている、サッカーというのは試合が始まればピッチの上の選手たちだけで考え、判断し、プレイをする。監督の指示はプレイ中は全部届くわけではない。『学び合い』も目標を設定し、方法は子どもたちに任せている。それならサッカーの監督は試合開始までにどんな準備や指導をしているのかという話を聞くことは、われわれにとっても大いに参考になるのではないか？」と。

そこで反町康晴監督（元アルビレックス新潟監督・当時北京オリンピックサッカー代表監督退任・現松本山雅ＦＣ監督）に講演を依頼しようということになりました。日本サッカー協会を通して連絡を取り、こちらの意向を伝え、返事を待っていたところ、湘南ベルマーレ監督に就任したということで、日本サッカー協会を通じてお断りの連絡が来ました。こんなふうに夢を広げて楽しみながらフォーラムをつくっていきました。第四回以降のメインゲストは次の通りでした。

第四回（二〇〇八年八・九日）内田樹さん（神戸女学院大学教授・当時）

第五回（二〇〇九年八月一・二日）江口歩さん（「お笑い集団ＮＡＭＡＲＡ」代表）

第六回（二〇一〇年八月五・六日）長尾彰さん（「している株式会社」取締役）

変化し続ける—変化を恐れない

第六回（二〇一〇年八月五・六日）はフォーラムの内容をがらりと変えました。今まで、講演があって、分科会で担当者が発表して質問を受けるという形がスタンダードでした。しかし、その回のメインテーマは「学び合う教室の作り方」として、分科会はほぼ模擬体験授業としました。「『学び合い』を授業に取り入れたいが、授業の課題設定はどうすればよいのか？」という声がたくさん聞こえるようになったためです。それなら実際に授業を体験し、その課題が妥当だったかどうか考えてもらおうというコンセプトです。主な内容は次のようなものでした。

○小3：算数「かけ算のひっ算（1）」
○小4：国語「一つの花」
○小5：英語「英語ノート1　Lesson6 What do you want? 外来語を知ろう」
○小5：理科「電流のはたらき」
○中1：社会「世界と比べて見た日本」
○中2：英語「依頼／申し出、許可、義務、勧誘 TOTAL ENGLISH 2 Lesson 4 Shun in London」

これまで新潟市で開催していた「フォーラム」ですが、全国各地で『学び合い』の会が開かれていることを受けて、各地の『学び合い』の会のメンバーが全国大会を地元で開催したいという気運が高まってきました。そこで第七回は二〇一一年八月六・七日に東京の国立オリンピックセンターで開催しました。東日本大震災のあとだったので、開催の可否に関しては悩んだのですが、それでも参加者は二〇二名と過去最高の人数でした。

私は新潟に住んでいるために、東京大会の打ち合わせに頻繁に顔を出すことはできません。しかし、東京大会の中心メンバーの一人はそれまでの「フォーラム」すべてに参加している私以外で唯一のメンバーです。あの、参加人数が五〇人にも満たない第一回に参加していた「フォーラム」をよく知るメンバーを中心とする頼れるメンバーでした。それまでの新潟開催では私や水落さんが企画、運営を中心となっておこなっていたのですが、企画、運営をするメンバーが変わったとしても、今までの「フォーラム」の流れは止まらないはずだという安心がありました。

東京大会では、『学び合い』を初めて知ったという方の参加者が多かったのが、直近の新潟開催ではなかった点でしたので、『学び合い』の基本的なことや、素朴な疑問に答えるコーナー、模擬体験授業などさまざまなバリエーションのある分科会を開きました。

また、参加者も多種多様で、大学の学生や塾関係、教育に関連する企業の方、そして、教育に関係していない方の参加もありました。「学校の教師向け」として第一回を始めた「フォーラム」ですが、その色合いは徐々に変化し、子どもを取り巻くすべての人の関心の対象になって来ていることがわかります。

第八回は大阪（二〇一二年八月四・五日）で開催しました。その回は今までのフォーラムと違い、参加者の対話を中心にコーディネートするというものでした。「知り合いの知り合いと繋がって出会いを学びにしていこう」というテーマです。広い会場全体で語り、話し合いが行われている風景は圧巻でした。

第九回は福島（二〇一三年八月三・四日）で行いました。テーマは「【東北からもう一度はじめよう！】『学び合い』の原点とは何か」です。震災からの復興を進めるために子どもを元気にする『学び合い』は不可欠との考えからです。

第一〇回は福岡（二〇一四年二月二二・二三日）で開催しました。一日目の会場は福岡県筑紫郡那珂川町安徳南小学校でおこない、授業参観日と合わせての開催で、実際の生の『学び合い』授業を保護者とともに参観するという『学び合い』を学ぶ絶好の機会でした。

第一一回は再び東京（二〇一五年八月一・二日）での開催です。アクティブ・ラーニングが注目されるようになり、『学び合い』の方向性とも合致し、注目が集められるようになりました。大手テレビ局の取材も入った華やかな会となりました。

そして第一二回は宮城県東松島市（二〇一六年八月二〇・二一日）で開催します。

そしてもう一つ

「フォーラム」には「シンポジウム」というものがあります。その内容は参加者の懇親会です。実はそのシンポジウムで、未来の「フォーラム」がつくられます。「シンポジウム」の出席率は毎回かなり高いです。昼間の出席者の八割ぐらいの人が参加します。次回、次々回の「フォーラム」は、今度はあなたの地元で開催してみたら？　という指名があったり、自分たちの地元でぜひ開催したいとの名乗りを上げる人がいたりして、未来の「フォーラム」が決まっていく場です。参加者が主催者側に変化する会です。ぜひとも「シンポジウム」にも参加して、立候補し、「フォーラム」を一緒に開催しましょう！

【鼎談】『学び合い』をキーワードに点から線へ

『学び合い』誕生時の大学院の様子

阿部　片桐さんはどのように『学び合い』を知り、実践されてきたのですか。

片桐　『学び合い』を知ったのは、上越教育大学の大学院生の頃ですね。西川研究室の大学院生はみんな『学び合い』を研究しているようなものでしたので……。一二年前くらいになるんですかね、高校の授業では、話し合い活動さえ取り入れている授業は珍しかったと思います。大学院にいたときは、『学び合い』が当然といいますか、この取り組みを行って、子どもたちのすごい姿をたくさん見て、現場に戻ったのですが、現場ではまったくそういうものがなくて……。それで、何だか研究室が、大学院が、懐かしいなぁと思い、『学び合い』フォーラムを立ち上げたわけです。

阿部　なるほど！　大学院時代も、すでに『学び合い』が当たり前だったのですか。

片桐　『学び合い』という言葉はまだできていなかった頃ですかね。ただ、今で言う二重カギ括弧の『学び合い』の概念が大学の中で生まれつつあって、なんかすごいことが行われている！　それを研究しようみたいな感じでしたね。

阿部　その頃『学び合い』の骨組み、考え方が生み出されていったわけですね。

水落　『学び合う教室』（西川純著、東洋館出版社）、という本が二〇〇〇年に出たのですが、その中では学術研究成果に基づいて紹介されていたんです。私が大学院生一年のときに、『学び合いの仕組みと不思議』（西川純著、東洋館出版社、二〇〇二年）という本が出て、続いて『静かにを言わない授業』（西川純著、東洋館出版社、二〇〇三年）というのが出て、その後『座りなさいを言わない授業』（西川純著、東洋館出版社、二〇〇四年）が出版されました。当時は、大学院生が次々に論文を生産し、論文投稿直後に本になる、といった様子でしたね。

阿部　それらの本は、残念ながら今は絶版になっていると思うのですが、その当時、買って読んでいた一読者の私としては、あの頃の本は論文名がたくさん書かれてあったので、学術的に価値が高い本のように感じてわくわくして読んでいたことを思い出します。

水落　あの頃の本は、より学術的に『学び合い』を説明していたと思いますね。

阿部　授業の一部分、子どもたち同士の会話の詳細な一部分を載せていましたよね。

水落　自分の研究が役に立ったと思っている大学院生は、たくさんいたと思います（笑）。

片桐　あのような感じの教育書はそれまでありませんでしたよね。

阿部　何て言うのでしょうかね、大学の先生が研究成果をそのまま出版し、分厚くて難しい文章で書いてある感じではなく、かといって、現場の人間が現場で起きたことをやわらかく一文一改行のような感じでざっくり書いているような教育書ではなく、その間といいますか、現場の人間からすると、何だかすごいことを書いてあるかも、と一歩踏み込んでみたくなるような本でした。大学研究の垣根を下げてくれたように思います。

片桐　本当に、教室の現場であったことをそのまま書いているじゃないですか。よくある教育書って、ある種、架空の場面を想定してそれに対して意見を書くといったような感じだと思うのですが、少し違った感じがしましたよね。

阿部　よくありがちな教育書に物足りなくなってきた人、ハウツー本やマニュアル本、初級者用教育書の次に、何かもう一歩踏み込んでいきたいと思っている人にとって読み応えがある本が出たという感じでした。価値が高い本だと私は思っています。

水落　この本の形式や『学び合い』フォーラムは、学会と民間で行われている教員研修会との間をいこうという感じでしたよね。

片桐　最初の頃の『学び合い』フォーラムは、ゼミに参加するメンバーの一人になってもらうという感じでしたね。とにかく、大学院のゼミがね、面白かったんですよ。

水落　はい、面白かったですね。

片桐　これを現場の先生に体験してほしいということでした。

阿部　その大学院のゼミってどんなふうに面白かったんですか。

片桐　一つの教室の場面、事象に関して何でも好きなことを言っていましたね。

水落　新しい教育研究が始まるわくわく感がありました。外国の難しい本を読んでそれを訳すような感じではなくて、教室で実際に起きていることをビデオで見たり、カセットテープレコーダーの音声データを聞いたり、そのデータからどんなセオリーを導き出すのかという感じでしたね。教室で起きている事実の中から真理を導き出す過程がわくわくしました。

阿部　基本的にはこの頃の大学院生の皆さんは、教室に入って、一人の子どもに一台のカセットテープレコーダーという状態に近い形で記録し、その子どもたちの言葉を文字に起こしていく作業をゼミ生の皆さん、ほとんどがされていたと私は勝手に想像しています。

水落　少しだけ間違っているのは、ほとんどではなくて、全員がしていました。

水落・阿部・片桐　（爆笑）

阿部　私は『学び合い』が生まれてから知った人間です。授業観や教育観が全然異なる方は、どんなデータや状態を目の前で見ても、きっと納得はしないのでしょう。しかし、感覚的に『学び合い』をやっているという印象で『学び合い』を批判している方にはそういった膨大な授業データ、会話データをもとに『学び合い』が誕生したということを知ってもらいたいと思いますね。

水落　みんなが研究室でヘッドフォンを付けてカチャカチャ、キーボードの音だけ鳴らしている姿は不気味でした（笑）。

片桐　当時は、ほぼ会話を聞きながら、そのまま入力できるようになりましたね。「ああ、ここがそうだったのか」という発見は、面白かったですね。

水落　「立ち歩き」というのが最初に出てきたときは、大変でした。多分、私の院生の頃だと思います。『座りなさいを言わない授業』（前掲書）の内容に反映されていると思います。立ち歩きは現象であって、音声データとして書き起こせません。ビデオを何度も見返すことをしました。当時、アナログのビデオテープだったから大変でした（笑）。

教室『学び合い』フォーラムが広がっていった仕組み

水落　さて、『学び合い』フォーラムですが、気がついたら第二回目のときには、第一回目に参加していた半数の二〇人くらいの方が、実行委員になっていました。結局、第一回目の公開ゼミのスタンスは誰がお客さんで誰が一参加者かわからない感じにしたわけです。実行委員と参加者の境目をなくすことに成功したと思っています。

片桐　話題提供者はいるのですが、あとはお客さんではなく、皆、参加者ですからね。ゼミに参加するゼミ生みたいな感じでした。

水落　当時は『学び合い』のこと、皆さん、ほとんど知らなかったですし。西川先生は、受付で仕事していましたから（笑）。今でもお客さんではなく、スタッフの一人としていましたからね。今でも『学び合い』フォーラムや『学び合い』のスタッフに進んでなってくださっている方々は、その頃から参加していて、いつの間にかスタッフになっているみたいな感じでした。

水落　阿部さんが『学び合い』フォーラムに参加したのは第三回目ですか。

阿部　そうですね。

水落　第三回の『学び合い』フォーラムは転機でした。参加者が一〇〇人を二回続けて越えましたし、外部から講師（中村文昭さん）をお招きしたのも初めてでしたし、阿部さんをはじめとしてアンテナの高い先生方が来るようになったのも、ここからでした。

片桐　何だか、そのメインゲストを呼ぶのがこのときから楽しくなって。この人の話を聴いてみたいといいますか。きっとすごい人を呼べば人もたくさん来るだろうという感じですかね。

水落　あのときから二日開催になり、シンポジウムという名の懇親会にもたくさん人が来るようになりました。次の内田樹さんがメインゲストの会に阿部さんは来ていましたか。

阿部　はい、参加しました。

水落　発表側に回ってませんでしたか。

阿部　そうですね、発表していましたね。一回来ると、二回目は主催者側に回るというのは、もうあの頃からそうなっていたんですね（笑）。

水落　お客様のまま返さないということをスタッフは考えていました。例えば、懇親会でもスタッフが会場に散らばって、一人ぼっちを絶対につくらないようにしようとみんなで常に確認していました。覚悟を決めて遠方からこの『学び合い』フォーラムに来て、初めて一人で懇親会に参加するという人がいますよね。

阿部　当時の私です。知り合いが誰もいない中、一人で懇親会まで参加しました。

水落　寂しい思いをしたまま帰らないようにすることを、昼の部でも夜の部でも考えていましたね。一人でいる人を見つけたら、みんなで声をかける感じでいました。「どんな感じですか？　でしたら、次（発表を）やっちゃいましょうよ」なんていう感じです。これでもうWeになるわけです。次は目標を共有するわけじゃないですか。責任を分担しますね。そうなると居場所ができます。

口コミを大切にして当事者として地域に広がった

阿部　同族、同じ地域から来た方と仲良くなって帰っていくというのがありました。

片桐　地域の方同士で集まるということも考えて仕組みましたね。

水落　それを意識したのはですね、全国に『学び合い』の広がりが見えたからです。第五回の『学び合い』フォーラムの中で全国『学び合い』サミットというのをやりました。「こちらに九州の方、関東の方、東北の方集まってください！」としたわけです。しかし、集まって話すことが目的ではなく、「各地域で次に何をするのか宣言してもらいますから、話し合ってください」という呼びかけをしましたね。今私たちが主張している「目標と学習と評価の一体化」のように「時間は◯分間とります」「その後、みんなの前で発表してもらいます」「次、どんなことをやるか話し合ってください」としました。話し合って仲良くなることが目標ではなく、いきなり出会って何をするかということを話し合わなければならなくなって、結果的に仲良くなったという、そんな感じでした。

阿部　今考えると『学び合い』フォーラムを「目標と学習と評価の一体化」という形でやっていたわけですね。

水落　そうですね。ところで、阿部さんには「授業づくりネットワーク」という大切にされている研究会があると思いますが、そういった民間教育のイベントと『学び合い』フォーラムの違いは感じますか。

阿部　『学び合い』フォーラムはあまり発表者をたてまつらないですね。

水落・阿部・片桐　（爆笑）

阿部　まぁ『学び合い』フォーラムの考えが、よく考えてみれば当たり前だと思います。同僚、つまり小学校、中学校、高等学校の教師が発表しているわけです。しかし、他の民間教育のイベントとなりますと、発表している人が少し偉い感じになっていますね。

水落　はいはい、違和感ありますよね。私たちには最初に話したように、学会のスタイルがもととしてあったからだと思いますが、学会って、聴衆の中から次の発表者が出ていき、発表させていただくわけです。お金を払って発表するんですね。でも、他の研修会では、お金をもらって話をするじゃないですか。その違いがありますね。

片桐　学会は、お金を払って発表して、その結果、けちょんけちょんに言われたりしてね（笑）。『学び合い』フォーラムもそんなスタンスではありますよね。でもね、『学び合い』フォーラムを始めるとき、「授業づくりネットワーク」の全国大会に一、二回参加して、あんなイメージだなという感じはもっていました。壇上にいる人も参加者も皆同じように意見を言っているという感じはしましたね。

阿部　「授業づくりネットワーク」の歴史といいますか、成り立ちを知っている人たちは、「異質からの学び」という考えを共有してきました。大学の先生も現場の先生も関係なく、堂々と自分たちの意見をぶつけて交わそうというところが根底にありました。レポート検討などでは本音のぶつけ合いをしていましたね。あとは、石川晋さん（現理事長）に代表されるように、参加者中心の集会づくりを考え続けてきたということは、他の民間教育団体のイベントとは違う部分だとは思います。

水落　第一回、二回、三回と『学び合い』フォーラムを始めたばかりの頃は、身内から手弁当で始めました。周りの友達に頭を下げて、「お願い、来て！」って。「一〇〇人目指しているんだ」って。『学び合い』を爆発的にPRするにはどうしようかという話し合いになったときに、ネットを利用していこうという話になりましたが、私はそれも有効かもしれないけれど、口コミを一番大切にしようと言い張りました。『学び合い』フォーラムは口コミのつながりで続けてきました。ですから、爆発的な広がりはなかったかもしれませんが、来た人が主催者になるような感じで広がったと思っています。

阿部　私が『学び合い』で最初に仲のいい友人ができたのが山形の方です。知り合って翌年の『学び合い』フォーラムでわざわざ「今年も行くんでしょ？　同じホテルに泊まろう」って誘ってくださって、二人で『学び合い』の心地よさに浸って楽しくホテルの朝食を食べたことをときどき思い出しますね。その後、その方が中心となって第一回『学び合い』山形の会を開催してくださり、西川先生と共に、私も発表者として参加しました。

一緒に創る仲間として広がっていく大切さ、楽しさ

水落　全国的に見ると、スター先生のような方がいて、各地にいろいろと招かれていくというようなことを聞きますよね。『学び合い』フォーラムはそういうふうにはしたくないよね、ということが根底にあったように思います。（スター先生は、）実践に裏づけられているかもしれないですし、本にはなっているのかもしれないけれど、学会でも通用するデータを示して再現性や信頼性が担保されていることは少ないですよね。『学び合い』が世に出た頃の『学び合い』の本は、論文がベースにありました。先ほど阿部さんは学術研究成果がデータになっていて、今までの本とは違うと言ってくれましたが、そこがうれしいところですね。周りが「あの○○先生！」というのをつくり出さないようにしようということを意識していました。

片桐　『学び合い』フォーラムも西川先生を神格化しないということを考えていました。

水落　一緒にフォーラムをつくっていってもらいましたね。

片桐　しかし、フォーラムが他県で開催されると、西川先生の講演が必要とされるんですよね。まるで「おえらい先生」のようじゃないですか。

阿部　神格化かどうかはわかりませんが、遠くの方々は安心感をもらうために西川先生の

お話がほしいと思うのではないでしょうかね。

水落　これってどうなのかなぁと思うのが、「これって、『学び合い』ですか？」という私たちへの質問ですよね。私たちは判定役ではありませんし（笑）。

片桐　あと「本当の『学び合い』とは違うかもしれませんが、」という前置きを入れてから話すことですね（笑）。

阿部　ははは（笑）。それは、私もよく使っていましたよ。

水落　『学び合い』みたいなことをやっているのですが……とかね。

阿部　ただ、そう言いたくなるような文章表現を西川先生はしているとも思いますけどね。

片桐　結局、学校文化がそうなっているからですよね。普段の教員の外向けの仕事って指導主事に認められるかどうかでしょ？　私たちのスタンスがそうだからなのだと思います。これは「アクティブ・ラーニングですか？」とかね。指導主事や教育委員会が認めるかどうかが気になるわけですから。そういう仕事をしているから、『学び合い』に対してもそういう流れになるのだろうと思います。やはり、安心感がほしいということですかね。または、自分は少し外れたことをしているということは、自分はちゃんとわかっていね。

ますよというアピールをするわけです。

阿部　カリスマ教師はいらないという声があります。また、そういう声が大勢に認められた結果、その声を出していた人がカリスマになる可能性はありますよね。水落さんは、大学の先生として招かれたり、『学び合い』の会で、西川先生同様に前面でお話をしたりして、招いてくださった人たちの前でスター先生のように、つまり、水落先生の話をたてまつるという感じになりませんか。結果的には、やむを得ないかもしれませんけど。

水落　そういうふうになるといやだなと思っています。『学び合い』の会に行くときも、なるべくそういうふうにならないようにしようと心がけている自分がいます。「話をしてください」と言われていくわけですから、それはします。それ以外のところでは、会場の準備や後片づけとかを率先してやるなどしています。結局、その会を一緒に創る仲間として自分を位置づけたいという意識は常にもたなければと思っています。だんだん、体がいうこときかなくて動けないという感じになっていますけど（笑）。

阿部　それ（体がいうこときかず動けない）は、よくわかります（笑）。自分が上に立つのではなく一緒に創る仲間という感覚を大切にしたいと思って、本の出版も単著ではなく、共著だったり編著だったりするわけですね。

水落　こうやって阿部さんが声をかけてくれて、片桐さん、本川さん、髙島さん、大野さんが乗っかってくれて一緒につくれるのはいいものだなぁと思いますね。こういうのは本当に私が大好きなパターンです。『学び合い』フォーラムも片桐さんが実行委員長になってくれているので、その影でああでもないこうでもないと好きなことを言っていますね。好き勝手に言えるのがいいんです（笑）。そして、主催者の一部でいろいろとうるさいことを言うわりには、いつ抜けてもいいよって。こうした出入り自由な感覚って、『学び合い』フォーラムは、もちろんですが、『学び合い』の実践の上でも、とても重要な部分だと思います。教室もそうですよね。『学び合い』って出入り自由じゃないですか。そういう風通しのよさを大切にしたいですね。

風通しのよい関係づくりが重要

おわりに

本書は、水落芳明さんと阿部隆幸、そして学事出版編集部の加藤愛さんとで出版する『学び合い』の第三作目です。第一作では「目標と学習と評価の一体化」を根底に『学び合い』が広がるきっかけとなる本を目指しました。「『学び合い』授業を具体的にイメージしやすくなった」といううれしい声を多数いただきました。第二作では、「目標」「学習」「評価」を取り出して説明し、第一作を具体的に語りました。多くの『学び合い』授業事例のもと「日々の授業で『学び合い』を行いやすくなった」という声をいただきました。

本書、第三作では、前二作と多少性質を異にします。それは、授業そのものを具体的に扱っていないことです。「職場」や「地域」で「開かれた『学び合い』」の関係性を育むヒントを主に取りあげています。「考え方・在り方」である『学び合い』について理解するために、本書は『学び合い』の本質に迫った本だと言えます。

『学び合い』を進めるにあたって、授業を行うと同時に戸惑い、悩む一つに『学び合い』の授業を進めていく環境をどうやって整えていくかということがあります。これはたくさんの方が直面する壁です。各地域の『学び合い』の勉強会に出向くと『学び合い』の授業をどう進めていくかと共に必ず出る話題です。『学び合い』は人と人との関係性の中で成立していきます。それは、教室内だけでなく同僚、管理職、学校のシステム、所属する地域との関係性……等々の局面で発生します。これらと良好な関係性を育むことで、『学び合い』授業も充実していくのです。

今回、上手に関係性を育んでこられた四人の方に執筆者に加わっていただき、ご自分の立場から「開かれた『学び合い』」を推進していった様子を語っていただきました。実体験を通しての語りであり、目から鱗の話の連続です。この話を整理していく過程で、驚いたことがあります。それは、私たちが第一作から主張している「目標と学習と評価の一体化の考え方」や「Ｗｅの関係性の構築」が結果的にどの話にも共通して大切な下支えになっているとわかったことです。たいへんうれしく感じると共に自信をもてた瞬間でした。

ぜひ、前二作に本書を加えて「開かれた『学び合い』」を展開し、さまざまな方と手をつなぎ、同じ方向を向いた「Ｗｅ」を目指しましょう。私たちの輝かしい未来に向かって。

最後に、これからも「Ｗｅ」である四人の執筆者に感謝いたします。

平成二八年七月　阿部隆幸

[編著者紹介]

水落芳明（みずおち・よしあき）

担当：第二部第二章二、第三章一、第四章一

1964年群馬県生まれ。上越教育大学教職大学院教授。博士（学校教育学）。
中学校6年、小学校14年の教師生活を経て現職。学校現場に役立つ教育研究をめざし、理論と実践の往還によって、幸せな先生が幸せな子どもたちを育てることを夢見ている。著書に『成功する『学び合い』はここが違う！』『だから、この『学び合い』は成功する！』（以上、学事出版）がある。

阿部隆幸（あべ・たかゆき）

担当：第一部第一章、第二部第一章二、第二章一、第五章一

1965年福島県生まれ。上越教育大学教職大学院准教授。NPO法人「授業づくりネットワーク」副理事長。「東北青年塾」前代表。主な著書に『はじめの5分で頭の準備運動を！「頭ほぐし」の学習ベスト50』、『成功する『学び合い』はここが違う！』『だから、この『学び合い』は成功する！』『協同学習でどの子も輝く学級をつくる』（以上、学事出版）『「活用・探究力」を鍛える社会科“表現”ワーク小学校編』（明治図書）などがある。

[著者紹介（執筆順）]

本川　良（宮城県石巻市立大須小学校）担当：第二部第一章一
髙島　純（新潟県新潟市立濁川小学校）担当：第二部第三章二
大野勝彦（福島県石川町教育委員会）担当：第二部第四章二
片桐史裕（上越教育大学教職大学院）担当：第二部第五章二

開かれた『学び合い』はこれで成功する！

2016年8月31日　初版発行

編著者　水落芳明・阿部隆幸
発行者　安部英行
発行所　学事出版株式会社
〒101-0021　東京都千代田区外神田2-2-3
TEL　03-3255-5471
URL：http:/www. gakuji. co. jp

編集担当　加藤　愛
装丁・本文イラスト　海瀬祥子　　口絵　岡崎健二
印刷製本　精文堂印刷株式会社

ISBN978-4-7619-2276-4 C3037